DARTS

DARTS

**STARS
LEGENDEN
SPEKTAKEL**

Inhalt

Vorwort	06
Faszination Darts	08
Die Regeln	14
Die Pfeile	20
Die Scheibe	22
Technik	24
Historie	30
Darts in Deutschland	38
Stars	54
Deutsche Stars	92
Legenden	106
Wichtige Turniere	120
Der Darts-Tempel	122
Inside Darts	130
News und Kurioses	134
Statistiken	138
Glossar	142

| Vorwort |

Liebe Leserinnen und Leser,

ist Darts überhaupt ein Sport? Diese Frage habe ich während meiner Laufbahn öfters hören müssen. Leute, die das anzweifeln, verbinden Darts nach wie vor fast ausschließlich mit verrauchten Lokalen und alkoholisierten Herrschaften mit Halbglatze, die irgendwann zwischen ihrem dritten und vierten Bier ein paar Pfeile auf eine Scheibe werfen.

Zugegebenermaßen erfülle auch ich Teile dieses langjährigen Klischees. Nicht nur wegen meines schütteren Haupthaars. Ich habe fast meine gesamte Jugend in der Kneipe meines Vaters verbracht und bin dort neben Kartenspielen oder Domino auch mit Darts in Berührung gekommen. Es war eine schöne Zeit damals, die ich nicht missen möchte. Irgendwann stand ich aber am Scheideweg: Konzentriere ich mich auf Snooker oder bleibe ich beim Darts? Ich habe mich für Darts entschieden und würde diese Entscheidung heute immer wieder so treffen.

Ich kann mich noch gut daran erinnern, als ich zum ersten Mal einen Elfdarter geworfen, also ein Leg mit elf Darts gecheckt habe. Mein Vater und ich waren so stolz, dass davon unbedingt ein Foto gemacht und prominent in der Kneipe aufgehängt werden musste. Im Laufe meiner aktiven Karriere, in der ich mich mit den großen Stars wie Phil Taylor oder Colin Lloyd messen durfte, sollten tatsächlich sogar einige Neundarter folgen – vielleicht der Endgegner eines jeden Amateurspielers. Auch mein allererstes perfektes Spiel habe ich natürlich noch im Kopf. Das »Problem« bei einem Neundarter ist, er ist einfach zu schnell vorbei – vielleicht nach anderthalb Minuten. Viel zu schnell, um zu begreifen, wie gut er sich eigentlich anfühlt. Es sind halt eben nur neun Darts. Und in den allermeisten Fällen muss es danach auch nahtlos hochkonzentriert weitergehen.

Wer Talent mitbringt, sich immer gut anspornen kann, einen langen Atem besitzt und nicht zuletzt das Quäntchen Glück auf seiner Seite hat, kann es auch in die Weltspitze schaffen. Vielleicht muss man sich an manchen Tagen nach mehreren Stunden Training auch mal ans Board zwin-

| Vorwort |

gen. Letztendlich macht kaum etwas mehr Freude, ist kaum etwas motivierender, als schließlich die Früchte der Arbeit zu ernten. Das wird auf höchstem Niveau künftig bestimmt vermehrt auch deutschen Spielern gelingen. Wir in den Niederlanden sind euch in Deutschland einige Jahre voraus, aber mit den ersten Erfolgen werden mit der vorhandenen medialen Präsenz immer mehr deutsche Spieler bei großen Turnieren auftauchen. Die Entwicklung in diese Richtung ist längst eingeleitet, und ich bin stolz, als Bundestrainer des Deutschen Dart-Verbandes (DDV) auch ein kleines Puzzleteil auf diesem Weg zu sein.

Seit meinem Rücktritt 2014 hat es mich so oft selbst in den Fingern gejuckt, noch einmal anzugreifen. Aber meine Freundin sagt dann immer: »Bist du verrückt, dir jedes Wochenende wieder diesen Stress anzutun? Du bleibst hier!« Und dann sollte man auch auf seine Partnerin hören ...

Ist denn Darts nun ein Sport? Natürlich ist er das! Neben Konzentration und Präzision sind nicht zuletzt ein eiserner Wille, Ausdauer, Disziplin und viele hundert Stunden Training nötig, um dauerhaft ein hohes Niveau zu erreichen. Wie bei anderen Sportarten eben auch. Übrigens: Für die Lehrgänge mit der deutschen Nationalmannschaft treffen wir uns – wenn die COVID-Pandemie es zulässt – hierzulande immer noch in Gaststätten.

Was aber viel wichtiger ist als die Definition einer Sportart: Darts macht einfach unglaublich großen Spaß! Ob man damit nun sein Geld verdient oder einfach so mit ein paar Freunden zockt, um gemeinsam einen schönen Abend zu verbringen. Solltet ihr es noch nicht versucht haben, lade ich alle dazu ein, es einmal auszuprobieren! Jeder kann mitmachen! Aber Vorsicht: Darts birgt Suchtpotenzial!

Dieses Buch ist der geeignete Einstieg in die Welt des Darts, aber auch ein angenehmer Begleiter für das nächste Turnier.

Euer Roland Scholten

Roland Scholten, geboren am 11. Januar 1965 in Den Haag (Niederlande), ist ehemaliger professioneller Dartspieler und heute Bundestrainer beim Deutschen Dart-Verband (DDV)

| Faszination Darts |

Pfeile zum GLÜCK

Das Zentrum der Darts-Welt markiert die Scheibe. Die weiteren »Zutaten«: Populäre Stars, die optisch oftmals ihren eigenen Stil kreieren, vorführen, ausleben und pflegen – und häufig schon allein dafür von den Fans geliebt werden. Apropos Fans: Viele machen es den Stars gleich – insbesondere beim alljährlichen Höhepunkt dieser Sportart, der Darts-WM in London. Viele Zuschauer erscheinen dort kostümiert – und »verbinden« sich so mit den Stars der Szene.

| Faszination Darts |

FASZINATION DARTS
Jubel. Trubel. Leistungssport

Gegensätze ziehen sich an! Im Leben, in der Liebe, natürlich bei Magneten – und beim Darts! Kein anderer Sport eint so viele Gegensätze zu einem funktionierenden Gesamtkonstrukt.

Nicht nur dank eines klugen Marketingkonzeptes, das genau darauf beruht, hat das Geschehen in der Professional Darts Corporation (PDC) in der Sportwelt längst eine Nische gefunden. Mehr als das: In den vergangenen Jahren ist es von einer kurzweiligen Unterhaltung – vorwiegend bei der WM zwischen Weihnachtsgans und Silvesterbowle – spielend leicht zu einem bewährten Erfolgsmodell geworden, das ganzjährig gute Quoten erzielt und viele Menschen glücklich macht.

Nuancen können entscheiden

Doch was macht die Faszination Darts tatsächlich aus? Wenn die Pfeile fliegen, gibt es kaum eine Verschnaufpause. In einem Leg rattern die Scores nur so herunter, nach ungefähr zwei Minuten ist mindestens ein Protagonist im Finishbereich und eine Entscheidung steht bevor. Doch dafür muss ein nur acht Millimeter breites Doppelfeld getroffen werden – gar nicht so einfach aus 2,37 m Entfernung! Oft kommt es also zum Ende eines Legs zum Showdown, zu einem offenen Schlagabtausch, bei dem Nuancen entscheidend sind. Nicht selten wechselt das Momentum binnen Sekunden. Gerade im Set-Modus, der vorzugsweise bei der WM gespielt wird, kann eine Partie in Windeseile kippen, wenn der führende Akteur die gewünschten Felder plötzlich gar nicht mehr trifft. Eine 180 – »Oooooonehuuuuundreeeedaaaandeeeeeeeeiiiightyyyy« – ist kaum etwas wert, wenn in der nächsten Aufnahme drei Würfe in die Eins folgen. Die Folge: Spannung bis zum Schluss. Beim Fußball könnte man es eventuell riskieren, den Fernseher beim Stand vom 4:0 nach 70 Minuten auszumachen. Beim Darts wäre dies nicht ratsam …

Wenn gar nichts mehr geht, kann ein Spieler die Schuld bei störenden Zuschauern oder einem schnaufenden Gegenspieler suchen, aber in der Regel wird man bei sich selbst fündig, bei seinem Nervenkostüm. Rob Cross sagte einmal, es käme beim Darts vielleicht zu 15 Prozent aufs Werfen an. Der Rest sei mentale Stärke. Am Leistungsdruck könne man schnell mental zerbrechen. Das Board hängt nämlich immer auf derselben Höhe, der Abstand ist immer derselbe, die Beleuchtung und der Aufbau der Bühne nahezu identisch. Wenn es im Training geht, muss es noch lange nicht im Wettkampf funktionieren.

Lebensläufe, die sich frappierend gleichen

Cross, ehemals Elektriker, ist eins von vielen markanten Gesichtern, das eine eigene Aschenputtel-Geschichte schreiben und seine Leidenschaft zum Beruf machen durfte. Bei den allermeisten Stars deutete wenig bis nichts auf eine Sportlerlaufbahn hin. Michael van Gerwen verdiente vor seiner Karriere als Fliesenleger

▲ Erfolgreiche Publikumslieblinge und Top-Stars der Szene: Raymond van Barneveld, Phil Taylor, Michael van Gerwen und Adrian Lewis (von links nach rechts)

| Faszination Darts |

sein Geld, Peter Wright war auf dem Bau tätig, Raymond van Barneveld als Postbote. Andere arbeiteten als Fensterputzer, Klempner, Tischler. Phil Taylor schraubte gar eine Zeit lang Toilettenpapierhalter zusammen. Ehrenwerte und wichtige Berufe, keine Frage! Aber ohne größere Aussichten auf anhaltenden Wohlstand – und erst recht nicht auf Starkult. Viele Topspieler träumten als kleine Jungen von einer Karriere als Fußballer, Handballer, Tennisspieler, verletzten sich dann aber schwer oder merkten, dass sie einfach nicht gut genug waren. Darts als Plan B – nicht zuletzt geschehen bei Gerwyn Price, Nathan Aspinall oder Dave Chisnall. Die Lebensläufe der beliebtesten Spieler gleichen sich frappierend. Aus einem Typen von nebenan, der nicht unbedingt dem Schönheitsideal entspricht und sich möglicherweise fühlte wie ein Niemand, wird ein Jemand – mit schmissiger Einlaufmusik und unverwechselbarem Spitznamen! Fern der USA, tatsächlich bislang kein Mekka des Darts, wird immer wieder aufs Neue der »American Dream« gelebt. Vom Tellerwäscher zum Millionär sozusagen. Was nicht heißt, dass nicht auch Professoren, Manager oder Models beim Darts durchstarten könnten, wenn sie Zeit und Lust mitbringen würden ...

Die Pfeile müssen einfach ins richtige Feld

Nicht umsonst wird Darts gerne als »Golf der Arbeiterklasse« bezeichnet: Jeder kann es mit harter Arbeit zu etwas bringen. Dies mag

»It is cheap, clean and skillful.« Darts ist billig, sauber und erfordert Geschick.

◀ So sieht Jubel, so sieht echte Freude aus: Darts-Fans zelebrieren bei den William Hill World Darts Championship im Londoner Alexandra Palace eine gerade erzielte »180«, das Optimum

| Faszination Darts |

»I would say darts is probably 15 per cent throwing. The rest of it is mental strength. Being able to hold your nerve.« Rob Cross

Frei übersetzt: Ich würde sagen, dass es beim Darts vielleicht zu 15 Prozent aufs Werfen ankommt. Der Rest ist mentale Stärke. Die Fähigkeit, die Nerven zu behalten.

sicher auch auf andere Sportarten zutreffen, aber in keiner wird dies so deutlich wie hier. Ein Darts-Set kostet nicht viel Geld, fast überall in den eigenen vier Wänden kann man eine Scheibe platzieren. Es gibt nicht viele Regeln, keine Taktik, die beherrscht werden muss: Die Pfeile müssen einfach ins richtige Feld. Dies bekommt mit etwas Übung jeder hin – völlig unabhängig vom Alter, Geschlecht, Fitnesslevel, Kontostand, von der Größe, Religion, sexuellen Orientierung. Entscheidend sind das Talent und der Biss. Frei nach dem langjährigen Motto der englischen Darts-Vereinigung: »It is cheap, clean and skillful.« Darts ist billig, sauber und erfordert Geschick. Auch wenn der Weg nach ganz oben wie überall sonst natürlich weit ist.

Ein Wettkampf unter Freunden

Fern der ganz großen Bühnen sucht man Inszenierung vergeblich. An der Basis stehen in Kneipen oder eigenen Partykellern zwischen Schwaden von Zigarettenrauch und klebrigem Fassbier neben dem Spaß am Spiel noch Freundschaft und Geselligkeit im Vordergrund.

▸ Darts steht bis heute für Spaß, Sport und Geselligkeit – in der Stammkneipe gleichermaßen wie bei den großen Events

> Ein Drink hier, ein Wurf dort, das Zusammensein mit Freunden – Darts ist wahrhaft verbindend

Auch das ist Darts – nach wie vor. Den großen Auftritt haben hier die Wenigsten, wenn sie ihr Stammlokal betreten und noch vor dem ersten Wurf grob in die Richtung des Triple-20-Feldes ein erstes Kaltgetränk ordern, um mit den Kumpeln einen anstrengenden Arbeitstag hinter sich zu lassen. Hier trifft der Bankier den Maurer, die Verkäuferin den angehenden Lehrer, um eine – vielleicht gerade an diesem Ort – entstandene Freundschaft zu pflegen. Auch ist es in der Regel egal, woher man kommt und was man ist. Wahrscheinlich legen die meisten auch keinen Wert darauf. Nicht weniger faszinierend ...

Die Stars kennen auch die Kehrseite

Selbst wenn jeder für sich am Board steht und hohe Scores liefern sollte, ist Darts hier längst nicht zwingend Individualsport. Mannschaften sprießen in Kneipen zunehmend wie Pilze aus dem Boden. Mannschaften. Keine Einzelkämpfer. Darts, ein Schmelztiegel aus Einsamkeit und Zusammengehörigkeitsgefühl, schon auf niedriger Ebene. Apropos Einsamkeit: Was weder im Publikum noch im Wohnzimmer deutlich wird, ist die Kehrseite der Medaille für die gefeierten Stars. Die meiste Zeit des Jahres sind sie unterwegs, verbringen stets in einer anderen Stadt viele einsame Nächte in Hotelzimmern fern der Familie und sehen ihre Liebsten höchstens einmal über Facetime. Ebenfalls ein Gegensatz zum sichtbaren Trubel – wenn auch ein nicht ganz so positiver.

Vorne Ruhe. Hinten Getöse

Während auf der Bühne höchste Präzision gefordert ist und kleine Ziele anvisiert werden, steppt bei der großen Kulisse im Saal in den meisten Fällen dann auch noch der Bär. Oder es boxt der Papst im Kettenhemd – was bei der Kreativität der Kostümierungen tatsächlich bildlich vorkommen kann. Vorne Konzentration, dahinter Karneval. Vorne alkoholfrei, dahinter überwiegend alkoholisiert. Vorne weitestgehend Ruhe, dahinter Getöse – zumindest wenn Corona es zulässt. Dieser akustische wie visuelle Bruch macht natürlich nicht nur dem Zuschauer vor Ort – natürlich auch aus sämtlichen Bevölkerungsgruppen – riesigen Spaß, sondern dient auch dem Sportsfreund auf dem Sofa als unterhaltsames Beiwerk. Gar nicht so einfach, bei diesem Tollhaus die Felder zu treffen. Dann wird bei zäheren Matches – auch die gibt es – ganz schnell der Zuschauerbereich zur eigentlichen Bühne.

Gegensätze ziehen sich beim Darts an. Einfach faszinierend!

| Die Regeln |

INSIDE DARTS
Regeln und Spielarten

In Zeiten von Social Distancing während der Hochphasen der COVID-19-Pandemie fand der Großteil des Privatlebens in den eigenen vier Wänden statt. Da bot es sich an, eine Dartscheibe aufzuhängen, Pfeile in die Hand zu nehmen und weitgehend isoliert am eigenen Spiel zu feilen.

Ausreden gibt es eigentlich keine: Neben einem Board und den Wurfgeräten braucht es nur etwas Platz und ein paar wenige Regeln. Dann kann's schon losgehen. Man wird schnell merken: Darts macht Freude und birgt ein enormes Suchtpotenzial – schon lange, und nicht nur zu Corona-Zeiten. Die erste Entscheidung für Anfänger ist jedoch verzwickt: Spiele ich Steeldarts wie die Stars im TV oder entscheide ich mich doch für Softdarts und das elektronische Board? Beide Spielarten haben durchaus ihre Vorzüge.

Steeldarts vs. Softdarts

Wenn man seinen Idolen im Ally Pally originalgetreu nacheifern möchte, ist man beim Steeldarts sicher richtig. Wie der Name schon sagt, bestehen die Spitzen aus Metall, während beim Softdarts, auch E-Darts genannt, Kunststoffspitzen zum Einsatz kommen. Steeldarts sind schwerer, aber auch um einiges größer: Sie dürfen eine Länge von 30,5 cm und ein Gewicht von 50 Gramm nicht überschreiten. Die Pfeile der Stars wiegen in der Regel aber nicht viel mehr als die Hälfte – wenn überhaupt. Softdarts bringen dagegen maximal 21 Gramm auf die Waage, erst 2019 wurde das Höchstgewicht um drei Gramm heraufgesetzt. Mit einer Länge von 16,8 cm sind sie etwas mehr als halb so groß wie Steeldarts, allerdings kann diese je nach Automat variieren. In deutschen Kneipen wird hauptsächlich E-Darts betrieben.

Die Gründe für die Unterschiede liegen auf der Hand, schließlich soll das E-Board, das mit Softdarts anvisiert wird, möglichst lange halten. Tatsächlich ist es so, dass Steeldarts die kos-

◀ **Perfekt: Die drei Pfeile stecken allesamt im Triple-20-Feld!**

▼ **Aus der Nähe betrachtet mögen die einzelnen Felder ja noch eine gewisse Größe vorweisen, doch jetzt das Ganze bitte mal im vorgeschriebenen Abstand von 2,37 m betrachten ...**

Softdarts

| Die Regeln |

tenintensivere Spielart ist. Je nach Trainingsintensität kann das Sisalfaserbrett nach einiger Zeit gerade bei beliebten Feldern größere Verschleißspuren aufweisen, was irgendwann den Kauf eines neuen Boards erforderlich. Sollte die Spitze eines Pfeils beschädigt sein, ist auch der Austausch bei Steeldarts aufwendiger als nur eine neue Plastikspitze einzudrehen. Dafür aber wird beim Steeldarts keinerlei Strom benötigt.

Das Regelwerk unterscheidet sich in beiden Spielformen des Darts nur noch marginal. Korrekt montiert ist ein Steeldartboard, wenn sich das Bullseye auf einer Höhe von 1,73 m befindet. Beim Softdarts ist der Mittelpunkt der Scheibe auf einer Höhe von 1,72 m, also einen Zentimeter tiefer, anzutreffen. Die Abwurflinie, das Oche, das mithilfe eines Teppichs oder eines Lasers zuhause gut markiert werden kann, ist bei beiden Spielarten 2,37 m vom Brett entfernt. Bis 2015 stand der Spieler beim E-Darts noch 2,44 m vom Board entfernt. Die diagonale Entfernung vom Bullseye zur Abwurflinie beträgt 2,93 m.

Der Wurf

Wenn die Scheibe erst einmal hängt, geht es ans Werfen. Dafür müssen sich die Spieler hinter der Abwurflinie befinden. Zentral vor dem Board zu stehen, ist kein Muss. Sollten die Werfer eine bessere Position links oder rechts versetzt ausgemacht haben, gilt es eben, die Verlängerung der Markierung nicht zu übertreten.

Eine Aufnahme besteht immer aus drei Pfeilen, es sei denn, der Spieler kann das Leg mit weniger als drei Pfeilen beenden oder er überwirft sich. Die Darts müssen einzeln und unmittelbar nacheinander in Richtung des Boards geworfen werden. Dabei muss mindestens ein Fuß den Boden berühren. Rein theoretisch besitzt der Spieler pro Wurf ein Zeitlimit von einer Minute, also drei Minuten pro Aufnahme. Dieses wird allerdings so gut wie nie nicht einmal ansatzweise ausgereizt – und würde wohl auch als eher unsportlich ausgelegt werden. Beim

Steeldarts werden nur die Punkte der Pfeile gezählt, die nach Ende der Aufnahme noch im Board stecken. Bei den Profis ist die Ansage des Callers ausschlaggebend. Abpraller, sogenannte Bouncer, gehen nicht mit in die Wertung ein. Beim E-Darts kommt es darauf an, ob der Mechanismus im jeweiligen Feld ausgelöst wurde. Landet ein Pfeil im Flight eines zuvor geworfenen Pfeils, ein sogenannter Robin Hood, werden ebenfalls keine zusätzlichen Punkte gezählt.

Der Standardmodus

Nicht nur bei den Profis, auch bei versierten Hobbyspielern, ist der Modus »501 Double Out« am weitesten verbreitet. Ziel des Spiels ist es hier, die Startpunktzahl von 501 so schnell es geht herunterzuspielen und das Leg vor dem

| Die Regeln |

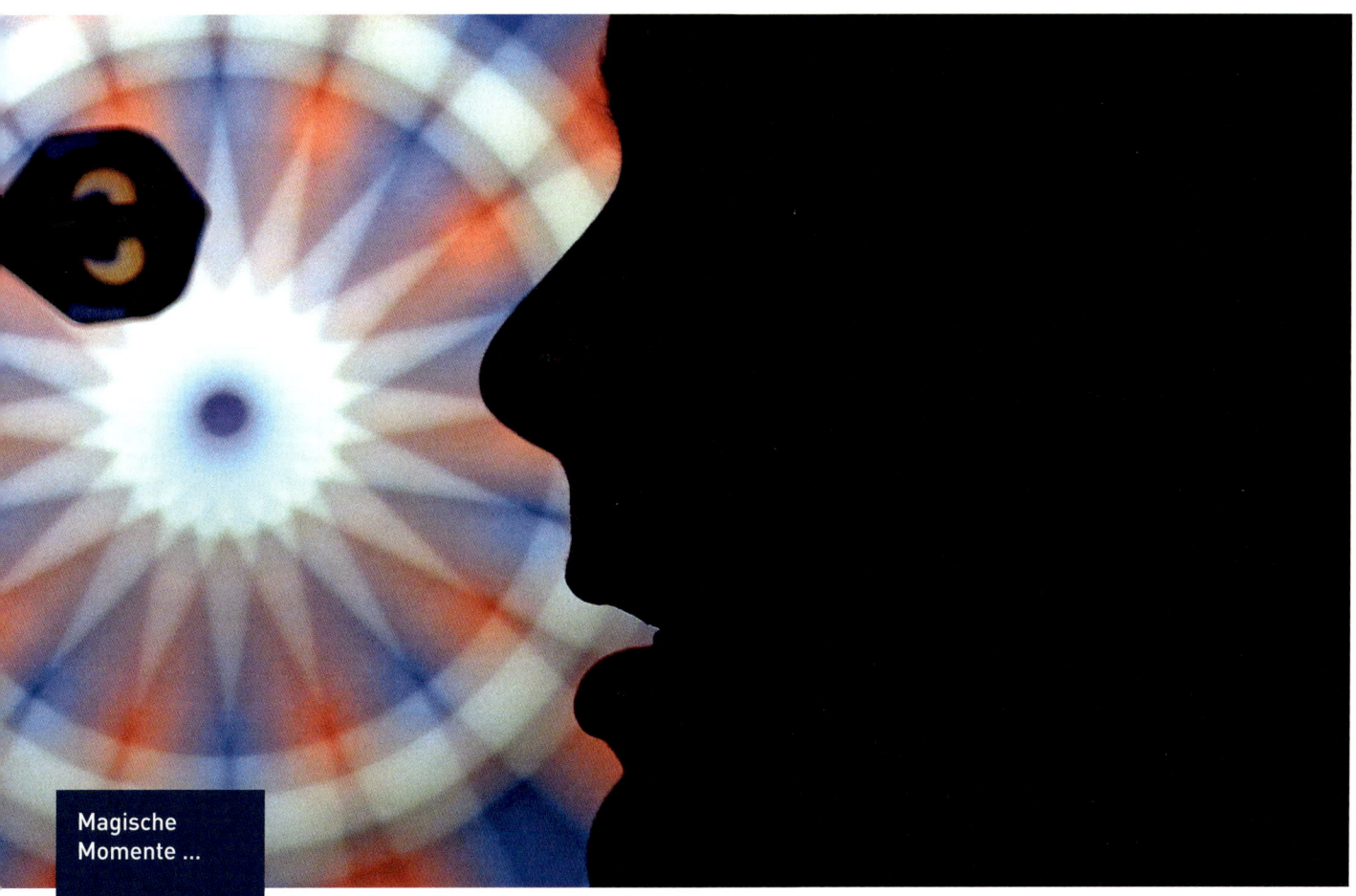

Magische Momente …

… gibt's beim Darts immer wieder, nicht nur das Erzielen einer »180«. Diese an sich schon außergewöhnliche Leistung wird getoppt von einem Neundarter: Die zu Anfang stehende »501« mit nur neun Würfen zu eliminieren

Gegenspieler mit dem passenden Doppelfeld (oder dem Bullseye bei 50 Punkten) zu beenden, also die Punktzahl auf null zu bringen. Die in einer Aufnahme geworfenen Punkte werden jeweils vom Ausgangswert abgezogen, danach ist der Gegner dran. Um 501 Punkte auf null zu bringen, werden mindestens neun Würfe benötigt. Gelingt dies in einem seltenen Fall, spricht man von einem Neundarter.

Die höchste Punktzahl, die mit drei Würfen eliminiert werden kann, ist die 170 – mit zwei Würfen in die Triple-20 und einen ins Bullseye. 169, 168, 166, 165, 163, 162 und 159 sind jedoch nicht zu checken, sie sind die sogenannten Bogey-Nummern, weil diese Werte mit drei Pfeilen nicht zu eliminieren sind. Ist die erzielte Punktzahl einer Aufnahme höher als gefordert, hat sich der Spieler überworfen. Der Gegner ist dran, und bei der nächsten Aufnahme geht es mit derselben Ausgangsposition weiter. Hat ein Spieler im Modus »Double Out« nur noch einen Punkt Rest, zählt dies ebenfalls als überworfen. Als kürzere oder längere Alternative kann ein Leg auch mit 101, 301 bzw. 701 oder 1001 gestartet werden.

Die Krux mit dem Rechnen

Je tiefer die Zahl, desto mehr Wege gibt es, seine Restpunktzahl auf null zu bringen – und die Stars haben in der Regel binnen Sekunden einen ganz bestimmten Weg im Kopf. Zielen Dartspieler also nicht nur unglaublich gut, sondern sind auch noch Mathematik-Großmeister? Das kleine Einmaleins werden wohl alle

| Die Regeln |

UNIBET

beherrschen, insbesondere die Caller, die die Punktzahl der drei geworfenen Pfeile rasant zusammenzählen und ausrufen. Allerdings haben die Spieler bei mehreren Stunden Training täglich sämtliche Finishs schon fast bis zum Erbrechen beackern dürfen, dass sie alle möglichen Lösungsmöglichkeiten einfach bereits im Kopf haben. Möglicherweise rentiert sich hier die Entscheidung für E-Darts, denn hier übernimmt der Computer die Rechnung, während beim Steeldarts der Spieler seine grauen Zellen anstrengen darf. Aber auch hier gilt: Übung macht den Meister!

Alternative Spielmodi

Anfänger kann der Modus »501 Double Out« durchaus in den Wahnsinn treiben. Schließlich ist ein Doppelfeld gerade einmal 8 mm breit und dementsprechend schwer zu treffen. Für Beginner sei demnach der Modus »501 Straight Out« empfohlen, bei dem ein Leg auch mit dem Wurf auf ein passendes Einzelfeld abgeschlossen werden kann. Beim Modus »Master Out« sind Würfe auf Doppel- oder Triplefelder zum Abschluss zulässig. Bei den Modi »Double-In« oder »Triple-In« muss bereits zu Beginn eines Legs das jeweilige Doppel- bzw. Triplefeld getroffen werden, bevor die Punkte heruntergezählt werden. Landet der Pfeil im gewünschten Feld, werden diese erzielten Punkte beim Herunterzählen dann aber berücksichtigt.

Zahlreiche kleine Spiele laden dazu ein, seine Fähigkeiten am Dartboard auszubauen. In der Regel sind eine Vielzahl von ihnen bei der elektronischen oder dem Automaten in der Kneipe wählbar. Zur Verbesserung der eigenen Treffsicherheit auf die großen Felder bietet sich insbesondere für Beginner der Modus »Around

| Die Regeln |

Wird hier gefeiert, oder sollen die Spieler zu (weiteren) Höchstleistungen animiert werden: In jedem Fall belegt auch dieser Schnappschuss aus dem Londoner Ally Pally, dass sich beim Darts sehr viel um eine ganz wichtige Zahl dreht …

The Clock« an. Das Spiel beginnt mit der Einfach-1. Wenn diese getroffen wurde, ist die Einfach-2 das Ziel. Dann die Einfach-3 … Gewinner des Spiels ist derjenige, der zuerst alle Zahlen nacheinander und zum Schluss die einfache 20 getroffen hat. Bei einem Fehlversuch ist der Gegner dran, weiter geht es dann mit der Ziffer, die zuvor verfehlt wurde. Alternativ können Spieler auch mit der einfachen 1 starten und dann im Uhrzeigersinn das Board herumwandern. Auch hier beendet der erfolgreiche Wurf auf die einfache 20 das Spiel.

Gerade Fortgeschrittene können sich beim »Cricket« miteinander messen. Hier sind ausschließlich die Felder 15 bis 20 sowie das Bullseye involviert. Ziel ist es, möglichst viele Punkte zu sammeln. Dafür muss ein Feld dreimal getroffen worden sein – entweder durch drei Würfe ins einfache Segment, einem ins einfache und einem ins Doppelfeld oder mit einem Wurf ins Triplefeld. Dann können auf diesem Feld solange Zähler eingefahren und aufgeschrieben werden, bis der Gegenspieler ebenfalls dreimal in diesem Segment getroffen hat. Ist dies der Fall, wird das Feld für alle geschlossen, und es muss auf anderen Feldern gepunktet werden. Sinnvoll ist es hier, Druck aufzubauen und dem Gegner sein eigenes Spiel aufzuzwingen. Punktet der Gegner auf der 20, ist es beispielsweise klüger, ihn auf der 19 zu übertrumpfen, anstatt das 20-er Feld direkt zu schließen. Beendet ist das Spiel, wenn der Akteur mit der höheren Punktzahl alle Felder getroffen hat. Bei der Variante »Tac Tics« kommen zum ursprünglichen Cricket-Spiel noch die Felder 14 bis 10 hinzu. Diese von Taktik geprägten Spiele erfreuen sich besonders in den USA sehr großer Beliebtheit. ◉

EIN MATERIALIEN-MIX
Die Pfeile

Unterschiedliche Spielstärken und unterschiedliche Vorlieben lassen die einzelnen Spieler auf unterschiedliche Pfeile zurückgreifen – insbesondere beim Gewicht manifestieren sich diese Abstufungen.

Ein Dartpfeil besteht im Wesentlichen aus vier Komponenten: Spitze, Barrel, Schaft und Flight. Die Spitze besteht beim Steeldarts aus Stahl und hat keine festgelegte Länge. Das Gewicht liegt meist zwischen 0,5 und 0,6 Gramm. Der schwerste Teil eines Dartpfeils ist der Barrel, das Stück zwischen Spitze und Schaft und die Stelle, an der der Pfeil bei der Wurfbewegung festgehalten wird. Als Materialien dienen zumeist Messing, Wolfram und Nickel, häufig wird eine Nickel-Wolfram-Legierung verwendet. Über den Barrel kann auch das Gesamtgewicht des Pfeils am besten bestimmt werden. Ein hoher Wolfram-Anteil kann zur Verringerung des Gewichts genutzt werden. Die meisten Barrels haben ein Gewicht zwischen 14 und 26 Gramm.

Hinter dem Barrel folgt der Schaft, das Verbindungsstück zwischen Grifffläche und Flight. Der Schaft kann auch beim Steeldarts aus Plastik bestehen. Alumini-

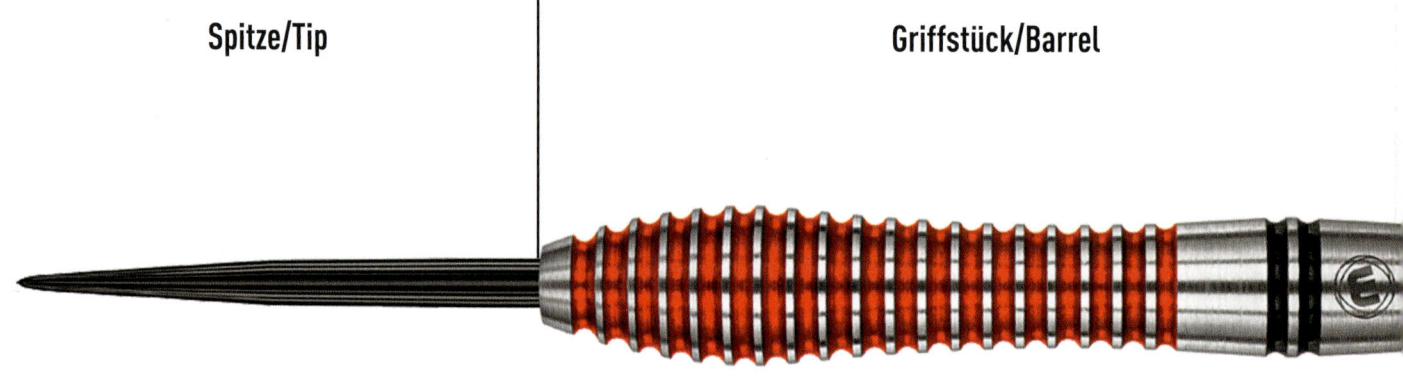

Spitze/Tip   Griffstück/Barrel

NÜTZLICHES ZUBEHÖR

Kappen: Zum Aufschieben auf die herkömmlichen Steeldart-Spitzen, so dass ein möglichst glatter Übergang zwischen Spitze und Barrel entsteht und mögliche Bouncer – der Pfeil prallt von der Scheibe ab – verhindert werden.

Gummiring: Dieser wird zwischen Barrel und Schaft angebracht. Er verhindert, dass sich die Schraubverbindung ungewollt immer wieder löst. Besonders Hobbyspieler kennen dieses nervige Phänomen, wenn sie immer wieder diese Stelle festdrehen müssen.

Crownring: Sehr nützlich, um zu verhindern, dass die Flights von den Plastikschäften nach jeder Aufnahme abfliegen. Der Flight muss lediglich gelocht werden und kann dann mit solch einem Ring fest am Schaft angebracht werden.

Schaftkronen verhindern das Abrutschen des Flights vom Kunststoffschaft. Auf Dauer kann es ohne die Schaftkronen sehr anstrengend werden, denn die Flights fallen häufig runter.

Flight Protektor: Er wird auf das Ende des Dart Flights aufgesteckt, um zu verhindern, dass diese nach kurzer Zeit kaputt gehen. Die Lebensdauer soll so verlängert werden.

| Die Pfeile |

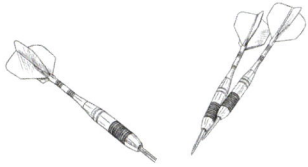

um oder Carbon sind allerdings beliebter und die edleren Varianten. Je nach Länge und Material wiegt der Schaft zwischen einem und zwei Gramm.

1898 haben Papierflügel am hinteren Ende des Pfeils die zuvor verwendeten Truthahnfedern abgelöst. Heutzutage bestehen die Flights aber überwiegend aus Plastik, vereinzelt aber auch aus Stofffasern wie Polyester oder Nylon. Die Flügel dienen der Stabilität des Pfeils während des Flugs und haben ein Gewicht von etwa 0,5 bis 1,0 Gramm. Anfängern wird nahegelegt die ersten Gehversuche an der Scheibe mit eher schwereren Darts zu begehen, da diese Dartpfeile stabiler in der Luft liegen und so schneller Erfolgserlebnisse zu verzeichnen sind.

Profis senken häufig mit steigender Spielstärke das Gewicht, da leichtere Pfeile einfacher auf Wurftechniken reagieren. Viele Profis bleiben aber auch bei relativ schweren Pfeilen.

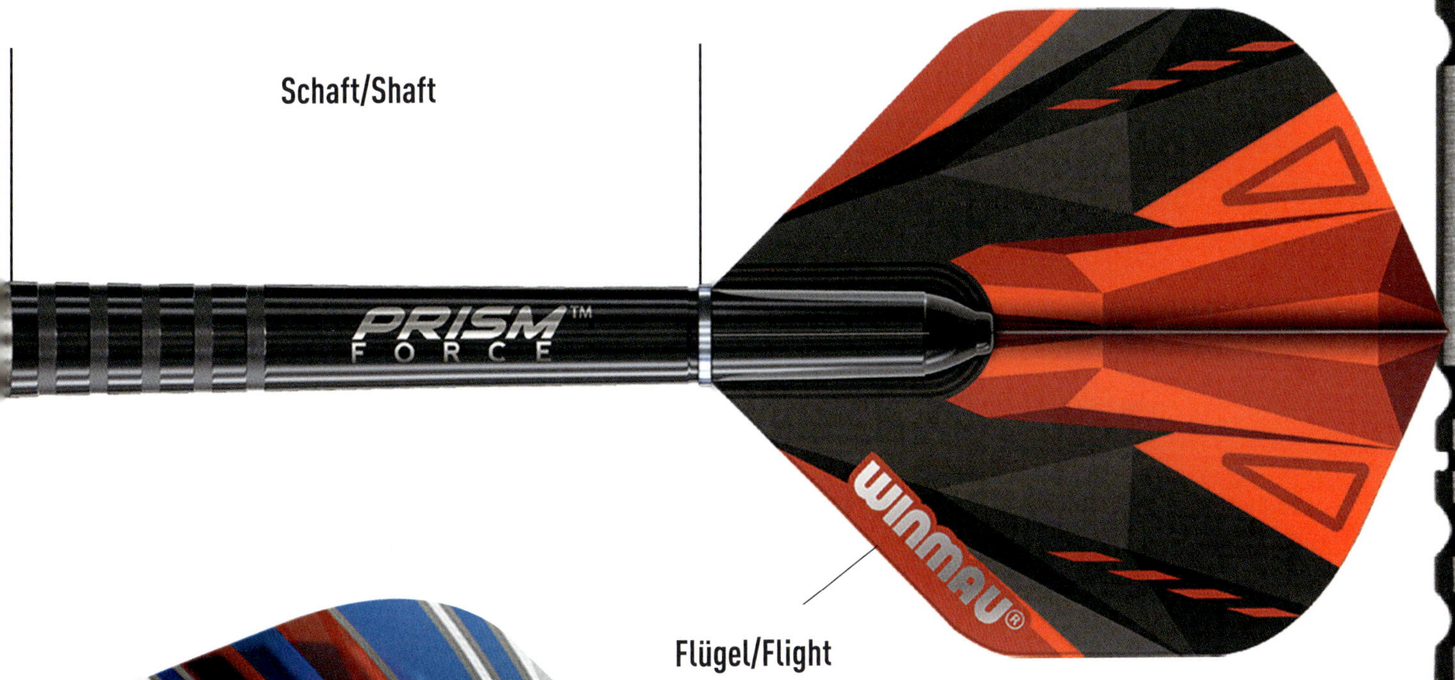

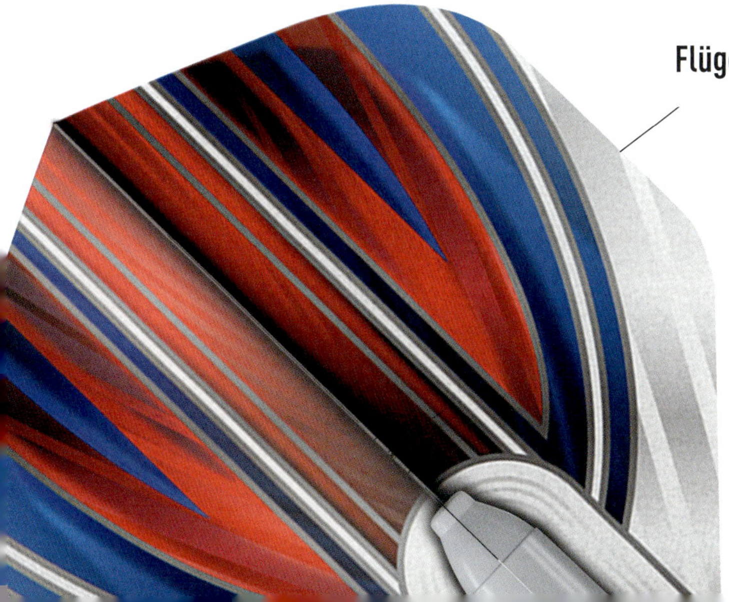

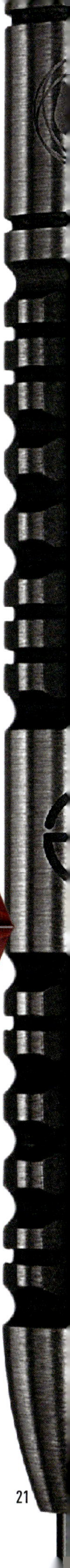

Schaft/Shaft

Flügel/Flight

◀ Man muss kein Raketenwissenschaftler oder Diplom-Physiker sein, um einen Dartpfeil zu kreieren – ein stylish-technisches Aussehen ist ihnen aber allen gemein

Die Scheibe

SISAL. SIEBDRUCK. STARKES PRESSEN
Die Dartscheibe

Der Engländer Brian Gamlin legte es 1896 fest. Der Zimmermann beschrieb, welcher Treffer auf dem Dartboard zu welcher Punktzahl führen sollte und wollte damit Ungenauigkeit beim Wurf bestrafen.

So sind zumeist zweistellige Werte auf der Scheibe neben einstelligen Werten, eine noch tiefer gehende Logik verbirgt sich hinter der Anordnung allerdings nicht. Die Dartscheibe selbst ist der Form eines Wagenrads nachempfunden. Schon im 12. Jahrhundert dienten Wagenräder als Zielscheiben für das Bogenschießen, der Darts-Sport folgte dieser Zielidee.

»Zwischen Schwein und Spinne«

Das Zentrum der Dartscheibe bildet das Bullseye. Wer genau in die 12,7 Millimeter große Mitte trifft, erhält 50 Punkte. Zudem gilt das Bullseye als Doppelfeld. Das Bull, der kreisförmige Bereich um das Eye herum, bringt immerhin noch 25 Punkte und ist damit das höchste einfache Feld. Das Dartboard hat insgesamt einen Durchmesser von 34 Zentimetern und ist in 20 Felder der Werte 1 bis 20 unterteilt. Ganz außen

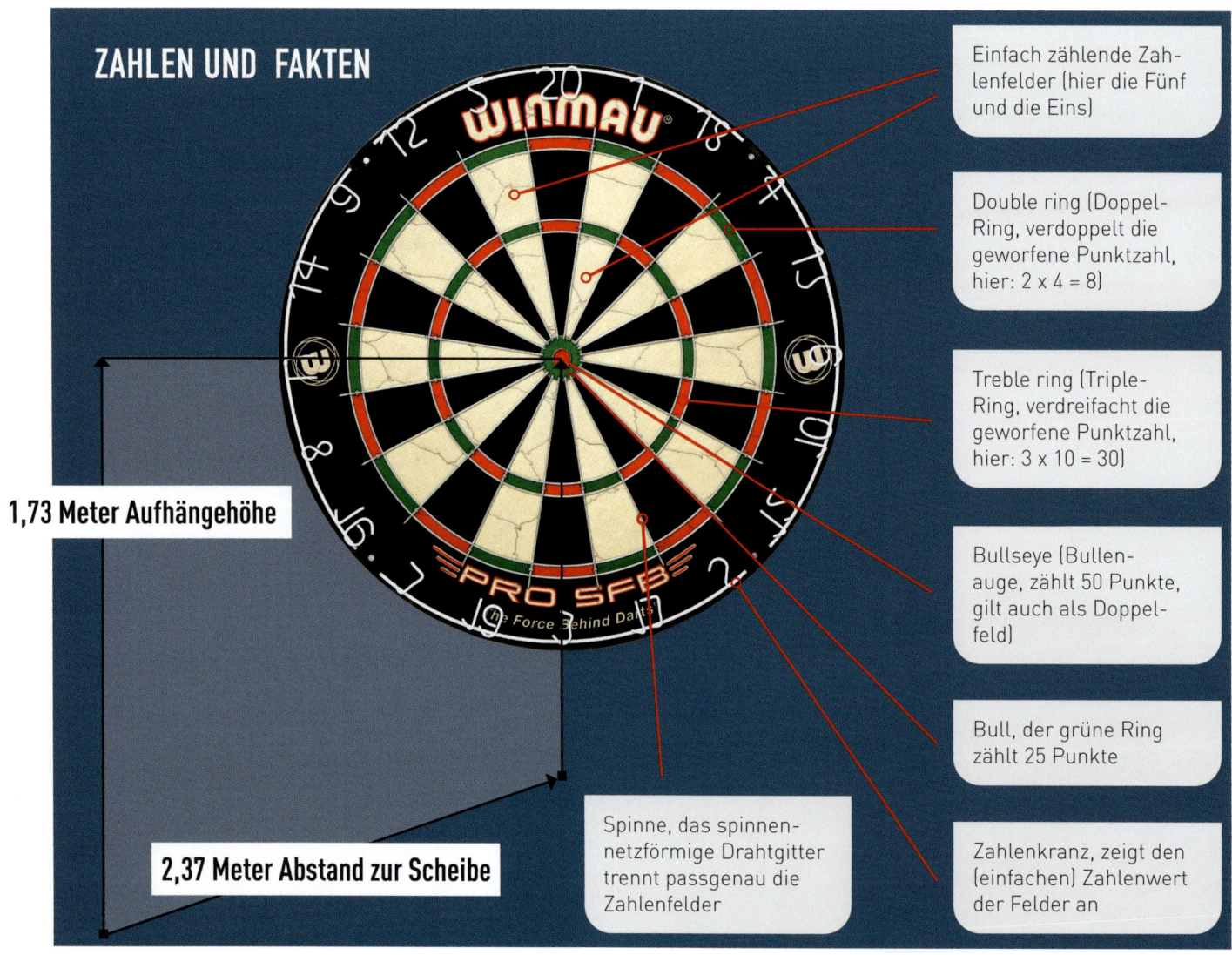

ZAHLEN UND FAKTEN

1,73 Meter Aufhängehöhe

2,37 Meter Abstand zur Scheibe

Einfach zählende Zahlenfelder (hier die Fünf und die Eins)

Double ring (Doppel-Ring, verdoppelt die geworfene Punktzahl, hier: 2 x 4 = 8)

Treble ring (Triple-Ring, verdreifacht die geworfene Punktzahl, hier: 3 x 10 = 30)

Bullseye (Bullenauge, zählt 50 Punkte, gilt auch als Doppelfeld)

Bull, der grüne Ring zählt 25 Punkte

Spinne, das spinnennetzförmige Drahtgitter trennt passgenau die Zahlenfelder

Zahlenkranz, zeigt den (einfachen) Zahlenwert der Felder an

liegt der Double-Ring mit einem Innenmaß von 8 Millimetern, der kleinere Triple-Ring befindet sich mit seinem Außendraht exakt 10,7 Zentimeter vom Bull entfernt. Entgegen der allgemeinen Annahme ist nicht das Bullseye mit seinen 50 Punkten das wertvollste Ziel auf der Scheibe, sondern die Dreifach-20. Wer seine drei Pfeile innerhalb einer Aufnahme allesamt in die Triple-20 wirft, holt die begehrten 180 Punkte.

Das Bullseye befindet sich auf einer Höhe von 1,73 Metern an der Wand. Und die Entfernung der Linie, hinter der man sich beim Wurf befinden muss, ist 2,37 Meter von der Scheibe entfernt. Je nach Tiefe der Scheibe also etwa 2,40 Meter von der Wand entfernt, an der die Scheibe hängt.

Die Bestandteile

Um die Bestandteile einer Dartscheibe zu beschreiben, könnte man auch knapp »zwischen Schwein und Spinne« formulieren. So soll die Trefferfläche aus Schweineborsten bestehen, was aber nur dem Volksmund entspricht. In Wahrheit sind es afrikanische Sisalfasern, die den Hauptbestandteil einer Dartscheibe ausmachen und im Profi-Bereich ausschließlich Verwendung finden. Die Fasern der Blätter einiger junger Agaven-Pflanzen gelten als besonders robust, zäh und zugfest und stellen weltweit eine der wichtigsten Naturfasern dar. Sisal wird auch insbesondere bei der Herstellung von Tauen und Seilen sowie in Auslegewaren verwendet. Günstigere Dartboards können auch aus Kork oder gar stark gepresstem Papier sein. Allerdings haben derlei Scheiben eine geringere Lebensdauer.

Der große Vorteil des Sisals, neben seiner langen Lebensdauer, ist, dass sich die Löcher, die die Pfeile beim Eintritt ins Board ins Material bohren, nach dem Herausziehen des Pfeils wieder schließen. Erst nach unzähligen Treffern weist die Dartscheibe Abnutzungserscheinungen auf. Im Gegensatz dazu sind Löcher in einer Dartscheibe aus beispielsweise Papier auch nach dem Entfernen des Pfeils gut zu erkennen. Für Dartspieler ist eine robuste Dartscheibe auch wichtig, weil nur Pfeile für die Punktzahl einer Aufnahme zählen, die nach dem Eindringen in das Board auch in der Scheibe steckenbleiben. Ein herausgefallener Pfeil gibt indes keine Punkte.

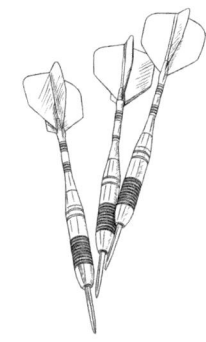

> Schon im 12. Jahrhundert dienten Wagenräder als Zielscheiben für das Bogenschießen, der Darts-Sport folgte dieser Zielidee

Zudem ist auf dem nackten Board ein Metallgitter angebracht, das den Namen »Spinne« trägt, aber eher deren Netz ähnelt. Die Metallkonstruktion umrahmt auf der Dartscheibe sämtliche Zielwerte und Felder.

Die Herstellung

Mit Fasern, Farbe, Harz und Druck zur perfekten Dartscheibe. Der Hauptbestandteile der Scheibe, die Sisalfasern, werden nach einem Waschvorgang in den Fabriken der Herstellerfirmen zu festen Strängen gedreht. Diese Stränge werden in der Folge zu etwa vier bis fünf Zentimeter dicken Scheiben geschnitten. In der Presse, die mehrere Tonnen Druck erzeugt, werden dann mehrere dieser Scheiben in die Runde Form einer Dartscheibe gedrückt, so dass keinerlei Lücken zwischen den zuvor noch einzelnen Sisalscheiben bleiben. Danach wird eine Harzmischung aufgetragen, die die gepressten Fasern dauerhaft verklebt. Ein weiterer Pressvorgang sorgt dann für eine ebene Spielfläche. Nach einem Arbeitsgang der Trocknung werden die Dartscheiben dann mit den klassischen Board-Farben versehen. Dies geschieht bei den traditionellen Herstellern von Profi-Scheiben im Siebdruckverfahren an mehreren einzelnen Stationen.

Nachdem die Farben auf der Scheibe getrocknet sind, sorgt eine weitere Presse dafür, dass die »Spinne«, also die Metallgittervorrichtung, in das Board gedrückt wird. An dieser Stelle ist höchste Präzision der Hersteller gefordert, denn nur wenn das Gitter exakt auf die aufgezeichnete Spielfläche passt, kann die Dartscheibe in Betrieb genommen werden. Nochmal erfährt die Scheibe dann mehrere Tonnen Druck, damit das Metallgitter auch dauerhaft seine exakte Position behält. Zum Schluss werden das Bullseye sowie der Zahlenkranz, der sich außen um die Spielfläche befindet, per Hand eingehämmert. ◉

| Technik |

Manche Stars sehen tatsächlich etwas verwegen, einige sogar eher unsportlich aus. Doch der Eindruck täuscht – der Weg an die Spitze führt über Beharrlichkeit, Ausdauer und viel Training. Die Würfe sollen übergehen in Fleisch und Blut, an der Wurftechnik will gefeilt werden. Zudem gilt es herauszufinden, welcher Pfeil mit welchem Gewicht am besten zu einem passt. Jetzt fehlt nur noch die richtige Trainingsstrategie – zu finden auf den folgenden Seiten. Mit vielen wichtigen Tipps vom Bundestrainer.

TECHNIK UND TRAINING
So treffe ich immer besser

Wer häufig Darts im TV verfolgt, wird es gemerkt haben: Jeder Spieler unterscheidet sich in seinem Bewegungsablauf. Eine bessere oder schlechtere Technik gibt es nicht. Jeder Weg, die Pfeile ins Ziel zu bringen, ist ein guter Weg. Als Dartspieler muss man lediglich den für sich passenden Stil finden, mit dem man sich wohl fühlt. Einige Tipps können dabei hilfreich sein.

Welche Pfeile?

Schon bei der Auswahl der Pfeile steht man vor der Qual der Wahl. In Sachen Länge und Gewicht gibt es beim Spielgerät teils große Unterschiede. Auch kann der Flight unterschiedliche Formen haben, welche das Flugverhalten der Darts beeinflussen. Für die Entscheidungsfindung hilft nur eins: Ausprobieren. Oft ist dies in Dartshops möglich. Wenn man sich für ein passendes Modell entschieden hat, ist es zumindest ratsam, den Pfeilen auch in schwierigeren Phasen das Vertrauen zu schenken. Frühzeitiges Wechseln der Darts ist oft kontraproduktiv und zieht nicht zwingend eine Verbesserung des eigenen Spiels nach sich. Als wirkungsvoller dürfte sich weiteres Training und Geduld erweisen.

Dazu der Tipp von Darts-Bundestrainer Roland Scholten: »Wenn man beruflich viel am Schreibtisch sitzt, sollte man mit leichten Darts anfangen, zum Beispiel mit 22 g. Wenn man eher körperliche Arbeit macht, können die Darts schwerer sein, zum Beispiel 26 oder 27 g.«

Das Halten des Pfeils

Natürlich gibt es auch beim Halten des Dartpfeils mehrere Möglichkeiten. Die meisten Spieler nutzen drei Finger: Der Daumen liegt am Masseschwerpunkt des Barrels an, dem Mittelteil des Darts, Zeige- und Mittelfinger halten den Pfeil auf der anderen Seite fest. Beim Abwurf geben Daumen und Zeigefinger die Richtung des Wurfes vor, der Mittelfinger dient zur Stabilisation. Bei einem sehr langen Barrel können für eine bessere Kontrolle auch weitere Finger der Wurfhand ins Spiel kommen, bei einem kurzen aber auch der Mittelfinger weggelassen werden.

Roland Scholten: »Man sollte seine Pfeile genauso halten wie einen Stift.«

Der Stand

Die Voraussetzung für einen gelungenen Wurf ist ein sicherer Stand. Dabei wird der Fuß der Wurfhandseite vorne platziert – Rechtshänder stehen also mit dem rechten Bein am Oche –, und das Körpergewicht auf das Standbein verlagert. Der Fuß kann dabei gerade, leicht angewinkelt oder parallel zur Abwurflinie stehen. Das hinten platzierte Bein dient lediglich zum Halten des Gleichgewichts. Für welche Fußhaltung man sich auch entscheidet: Der Stand sollte für den Spieler bequem sein. Es ist nicht ratsam, den Oberkörper zu sehr zu verdrehen.

Roland Scholten: »Möchte man stundenlang spielen, ist eine lockere Körperhaltung ein Muss. Ansonsten bekommt man auf Dauer Rückenschmerzen.«

Das Zielen

Da Dartpfeile – wie bei einem Gewehr beispielsweise – weder über Kimme noch Korn verfügen, ist Zielen nicht ohne Weiteres möglich. Beim Wurf sollte sich das Zentrum des Dartboards auf einer Linie mit dem Wurfarm befinden und diese Position nach Möglichkeit nicht verändert werden. Mit dem dominanten Auge wird nun ein Punkt im gewünschten Feld anvisiert, und bei der Wurfbewegung fokussiert man sich auf eben diesen einen Punkt.

Roland Scholten: »Das Zielen hängt von deinem persönlichen Wurfstil ab. Man braucht aber beide Augen um die Tiefe korrekt einzuordnen, deshalb sollten beim Wurf beide Augen geöffnet sein.«

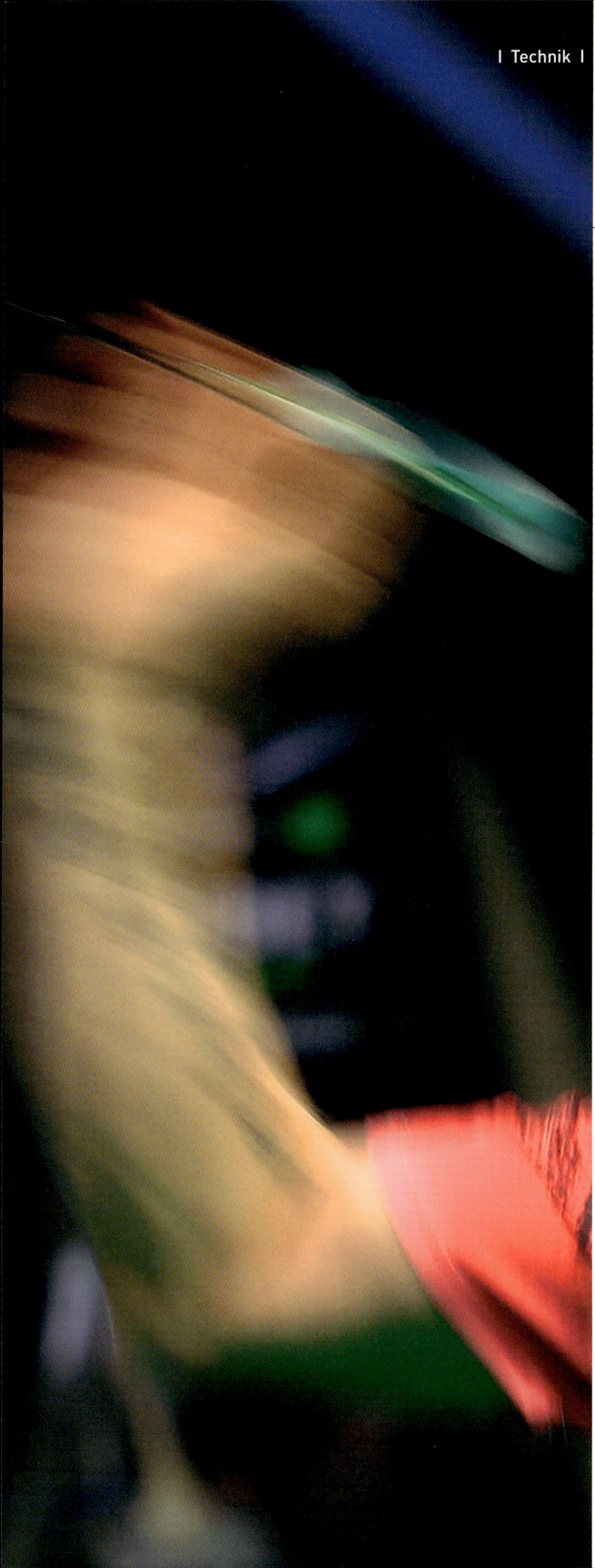

| Technik |

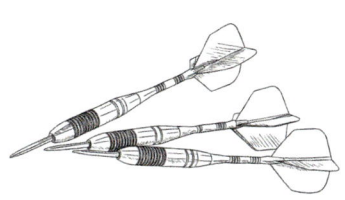

Das Mindset

Beim Dartspielen ist der Glaube an seine eigenen Fähigkeiten unerlässlich. Ein erfolgreiches Spiel stellt sich mit dem Zusammenwirken von Kopf und Technik ein. Sei fokussiert! Sei hochkonzentriert! Lass dich nicht ablenken und setz dich nicht zu sehr unter Druck! Mit Selbstvertrauen und der nötigen Lockerheit erledigt das Unterbewusstsein den Rest von allein.

Roland Scholten: »Man sollte auf jeden Fall motiviert sein. Je mehr man etwas haben will und dafür trainiert, desto eher erreicht man sein Ziel.«

Die Atmung

Tatsächlich kannst du mit deiner Atmung deinen Herzschlag steuern. Atme beim Dartspielen deshalb ruhig und gleichmäßig durch die Nase, insbesondere nach den Würfen. Deinen Atemrhythmus solltest du möglichst dauerhaft beibehalten. Beim Wurf selbst kannst du deinen Atem positiv nutzen, indem du die Luft beim Wurf ausstößt und dem Pfeil den nötigen Schwung mitgibst.

Roland Scholten: »Man kann mit Ruhe im Körper versuchen, seine Nervosität zu unterdrücken. Die Atmung ist dann sehr wichtig. Andere brauchen aber eher Aggression, um eine 180 zu werfen. Das ist eine Typfrage.«

Die Wurfbewegung

Der Wurf wird im besten Fall nur durch Arm, Handgelenk und mit den Fingern ausgeführt. Die Bewegung des Oberkörpers sollte auf ein Minimum beschränkt werden. Bei der Ausholbewegung wird Schwung geholt, indem der Pfeil fließend gegen die Wurfrichtung meist auf Kopfhöhe bis zu einem bestimmten Punkt geführt wird. Dann wird der Arm zum Katapult: Mit mehr Dynamik wird der Dart ohne Unterbrechung in Richtung Board geführt. Beim Abwurf sollte der Pfeil immer an derselben Stelle mit Daumen und Zeigefinger gleichzeitig losgelassen werden. Der Arm wird ausgestreckt, die

Finger können nach unten abklappen. Der Ellbogen verbleibt an derselben Stelle – und bewegt sich weder nach unten noch zur Seite. Manche Spieler werfen die Darts druckvoll in Richtung Board, manche mit mehr Gefühl. Manche mit viel Tempo, manche eher behäbig. Wichtig ist, dass alle drei Würfe flüssig und in einem Rhythmus durchgeführt werden.

Roland Scholten: »Schulter, Ellbogen und Handgelenk bilden einen Halbkreis. Am höchsten Punkt lässt man den Pfeil fliegen. Das Schwierige beim Darts ist es, jedes Mal die gleiche Bewegung hinzubekommen.«

Das Rechnen

E-Dartspieler haben es in diesem Fall einfacher, wenn die Maschine mitrechnet. Beim Steeldarts müssen mitunter die kleinen grauen Zellen angestrengt werden. Aber wie bei so vielen anderen Faktoren ist hier die Routine ein wichtiger Punkt. Nach monatelangem Training haben selbst Subtraktionsmuffel irgendwann diverse Rechenwege – insbesondere für das Beenden eines Legs – im Kopf. Anfänger sollten die Würfe erst zusammenzählen, wenn alle drei Pfeile stecken, damit die Konzentration nicht verfliegt. In der Anfangszeit helfen Check-out-Tabellen, die dem Spieler die Möglichkeiten des Finishs anzeigen. Auch die App »Dartcounter« ist sehr beliebt. Einfach den geworfenen Wert eingeben, den Rest rechnet die App von allein. Die Felder muss man allerdings selbst treffen.

Roland Scholten: »Man kann es sich in vielen Fällen leichter machen. Bei einer 85 kann man zum Beispiel von seinem Punktestand erst 100 abziehen und dann 15 wieder draufrechnen. Ich empfehle das Rechnen im Kopf.«

Routine durch Training

Mit mehreren Wiederholungen kann am perfekten Wurf gefeilt werden. Gerade für Anfänger und Amateure ist das Erlangen von Konstanz durch regelmäßiges Training sehr wichtig. Besonders kurzweilig sind Trainingsspiele wie »Around the Clock« oder »Cricket«. Gezielte Übungen sind das Gruppieren von Pfeilen, indem der zweite und dritte Dart möglichst in unmittelbarer Nähe des ersten untergebracht werden sollen. Für Fortgeschrittene ist unter anderem das 180-er Training empfehlenswert, bei dem alle drei Pfeile in der Triple-20 unterzubringen sind. Wenn ein Pfeil sitzt, bleibt er im Feld stecken und nur der zweite und der dritte und danach nur der dritte Pfeil werden in Richtung Triple-20 geworfen, bis es irgendwann heißt: Onehuuuundreeedaaaandeeeeeiiightyyy!

Roland Scholten: »Das Training muss Spaß bringen. Ohne Spaß bekommt man keine guten Resultate.« ⓒ

▶ Roland Scholten: Hier als Aktiver bei den PDC World Championships in Purfleet, Essex, am 27. Dezember 2006

| Technik |

| Historie |

Als die Pfeile fliegen lernten ...

Es gibt 18 Möglichkeiten, den Score von 501 im Double-Out-Modus herunterzuspielen. Das ist Fakt. In der Evolution des Darts dagegen sind Fakten rar. In der Entstehungsgeschichte dieses Spiels wimmelt es nur so von losen Ansätzen, Behauptungen und gar Mythen, die mit der Zeit weitergetragen wurden, aber keineswegs in irgendeiner Form wissenschaftlich belegbar und deshalb mit Vorsicht zu genießen sind.

Pfeilähnliche Gegenstände tauchten in der entfernten Vergangenheit erstmals vor etwa 400.000 Jahren auf. Wurfspeere dienten damals vorwiegend der Jagd. Rund 30.000 Jahre vor Christus wurden zudem auch Pfeil und Bogen für die Jagd genutzt. Es braucht allerdings eine gehörige Fantasie, diese beiden Waffen in engeren Zusammenhang mit dem Dartsport von heute zu bringen.

Flügel aus Holz oder Leder

Mehr Ähnlichkeiten mit den Dartpfeilen von heute bot schon die Plumbata, eine bestimmte Art von Speer, die zwischen 250 und 600 nach Christus von den Römern in ihren Schlachten genutzt worden sein soll. Eine Plumbata hatte eine Länge von bis zu 70 Zentimetern und bestand überwiegend aus Holz. Zu groß zum Darten also. Doch der Aufbau mit einem die Flugbahn regulierenden Gewicht aus Blei in der Mitte und drei bis vier Holz- oder Lederflügel am hinteren Ende des Geräts verrät, dass es sich hierbei schon um einen entfernten Vorfahr eines Pfeils mit Barrel und Flight gehandelt haben könnte. Die dreieckige Eisenspitze maß allein bis zu zwölf Zentimeter und war mit einem Widerhaken am Schaft befestigt. Vor allem die Franzosen nutzten später in ihren Kriegen vermehrt Wurfpfeile als Waffen – und nicht nur dort. Der Legende nach sollen französische Soldaten zwischen den Gefechten zum Zeitvertreib abgebrochene Speer- oder Pfeilspitzen auf alte Weinfässer gefeuert haben. Erste Annahmen dieser Art von Freizeitgestaltung gibt es bereits für 500 vor Christus, andere Historiker sehen den Ursprung aber »erst« im ersten Jahrhundert bei den Kelten. Jedenfalls vertrieb dies nicht nur die Langeweile, sondern förderte auch die Zielgenauigkeit bei Kampfeshandlungen – und weckte Ehrgeiz. Schnell wurde aus dem Kriegerischen ein Hobby, ein grenzübergreifendes.

Jahresringe des Baumes als Orientierung

Aber erst im Mittelalter, um das Jahr 1300 herum, soll die Begeisterung für das Pfeilewerfen neben anderen französischen Einflüssen über den Ärmelkanal nach England geschwappt sein. Schließlich müsste also Frankreich – und nicht England – als Mutterland des Darts angesehen werden. Eine Annahme, die jeder Engländer heutzutage vehement dementieren wür-

> Die kleinen Speere konnten gut am Gürtel oder zu fünft im Schild getragen werden. Die eher geringen Ausmaße stellten sicher, dass relativ viele von ihnen mit aufs Schlachtfeld genommen werden konnten. Gegen Reiter war die Plumbata eine besonders effektive Waffe, da ihre Pferde eine große Angriffsfläche boten.

Die **Plumbata (Plumbatae)** (von lateinisch plumbum für Blei) oder auch Mattiobarboli war ein leichter, kurzer Wurfspeer, der in der Antike in der römischen Legion verwendet wurde.

▲ Wirkt nahezu lieblich, romantisch, war für die Beteiligten aber bitterer Ernst, der schnell tödlich enden konnte: Eine Darstellung der Schlacht von Azincourt (1415), mit Bogenschützen und Reitern. Aus: Chroniques d'Enguerrand de Monstrelet – Antoine Leduc, Sylvie Leluc et Olivier Renaudeau (dir.), D'Azincourt à Marignan. Paris, Gallimard/Musée de l'armée, 2015. Erstellt: Frühes 15. Jahrhundert

de. Allerdings stammt der Begriff »dart« vom französischen Wort für »Pfeil« und wurde international übernommen – merkwürdigerweise wird Darts aber im Französischen selbst als »Fléchettes« bezeichnet. Zudem wurden noch bis weit ins 20. Jahrhundert hinein die meisten Pfeile aus Holz im französischen Département Jura hergestellt. Da grenzt es fast an ein Wunder, dass in den vergangenen Jahren im Darts-Zirkus nicht ein Franzose zu finden war ...

Die Engländer stellten sich beim Vorläufer des Darts jedenfalls ziemlich gut an. Es wird behauptet, dass die englischen Pfeil- und Bogenschützen den Franzosen bei der Schlacht von Azincourt 1415 im Hundertjährigen Krieg auch

> Die sprachliche Entwicklung des Begriffs »Darts« lässt nicht unbedingt – sorry, liebe Engländer – darauf schließen, dass er von der britischen Insel stammt. Das gilt auch für den Sport an sich. Nochmals ein herzliches »Sorry«!

deshalb eine so vernichtende Niederlage beigebracht haben, weil sie zuvor in den Wirtshäusern so eifrig trainiert hatten. Gezielt wurde längst auf Scheiben eines Baumstamms. Die Jahresringe des Baumes dienten zur Orientierung und gaben den Schützen an, wer wohl besser gezielt haben mag.

Regeln gab es nicht

Anhand dieser Ringe sowie weiterer Risse im Holz dürfte wohl Jahrhunderte später die Unterteilung in Bullseye, der Doppel- und Triplefelder sowie der einzelnen Zahlensegmente auf dem Board entstanden sein. Standardisierte Regeln oder gar ein Punktesystem gab es zu diesem Zeitpunkt noch lange nicht.

Selbst vor dem Adel machte das Pfeilewerfen nicht halt. König Heinrich VIII. soll von seiner zweiten Ehefrau Anne Boleyn um das Jahr 1530 einen Satz verzierter Pfeile als Geschenk erhalten haben. Endlos dankbar wird er ihr nicht gewesen sein: Jedenfalls konnte sie ihm keinen männlichen Thronfolger schenken, und die Verflossene wurde 1536 unter dem Vorwand des Ehebruchs angeklagt und dann einen Kopf kürzer gemacht. Zumindest im Volk weitete sich die Liebe zum Darts oder dem, was es mal werden sollte, aus. Wenn der König schon Pfeile wirft, muss es schließlich gut sein.

1860: Das Geburtsjahr als Sportart

Behauptungen zufolge sollen sogar die Pilgerväter zu Beginn des 17. Jahrhunderts auf dem Weg von Europa nach Amerika das Pfeilewerfen auf hoher See eifrig praktiziert haben. Wenn man die Wichtigkeit von Standfestigkeit beim Darts bedenkt: ein kompliziertes Unterfangen bei dem rauen Wellengang auf dem Atlantik ... An Land galt Darts um 1620 vor allem als Ertüchtigung für ärmere Leute. Es hieß, dass die Arbeiter das Bogenschießen nachahmen würden. Zu Beginn des 19. Jahrhunderts ploppte eine weitere Möglichkeit auf, die Pfeile in Richtung Zielscheibe zu bugsieren: mit dem Mund. Beim sogenannten Puff and Dart beförderten die Spieler kleine Geschosse mittels einer Art Blasrohr auf ein mit Ringen versehenes Board. Dass dies mitunter auch lebensgefährlich sein kann, musste ein junger Kerl der Überlieferung nach 1844 schmerzhaft erfahren, als er saugte anstatt zu pusten und Tage später an den Folgen verstarb. Vielleicht war gerade dies der Grund, warum Puff and Dart um 1850 aus den Pubs verschwand und nun von elitäreren Kreisen in Salons gespielt wurde. In den Zwanzigern oder Dreißigern des 20. Jahrhunderts wurde Puff and Dart vollends vom Darts verdrängt und verschwand von der Bildfläche.

Von 1860 an entwickelte sich Darts immer mehr zu einer Sportart, für die es natürlich Regeln geben musste. Diese wirken nahezu willkürlich konstruiert. So entstand der festgelegte Abstand zum Board von 2,37 Metern der Legende nach, da man mehrere Bierkästen hintereinander zur Abwurflinie hin aufstellte. Zu allem Überfluss sollten diese von

> Während etwa vor einigen Jahrzehnten die Automobile – und heute: die Fernseher – mit jeder Fahrzeug- oder Geräte-Generation immer größer wurden und werden, zeigt die zeitliche Darstellung bei Speer, Pfeil und Darts in die entgegengesetzte Richtung: (Auch) eine Entwicklung hin zu mehr Geschick, hin zum Sport!

400.000 v. Chr.	30.000 v. Chr.	250–600 n. Chr.	15. Jh.	Anfang 19. Jh.	heute

Wurfspeere dienten damals vorwiegend der Jagd	Pfeil und Bogen werden für die Jagd benutzt	Eine Plumbata hatte eine Länge von bis zu 70 cm und bestand überwiegend aus Holz	Englische Pfeil- und Bogenschützen übten auf Baumscheiben als Zielscheiben	Dartspiel mit dem Blasrohr auf ein mit Ringen versehenes Board	Modernes Dartspiel

| Historie |

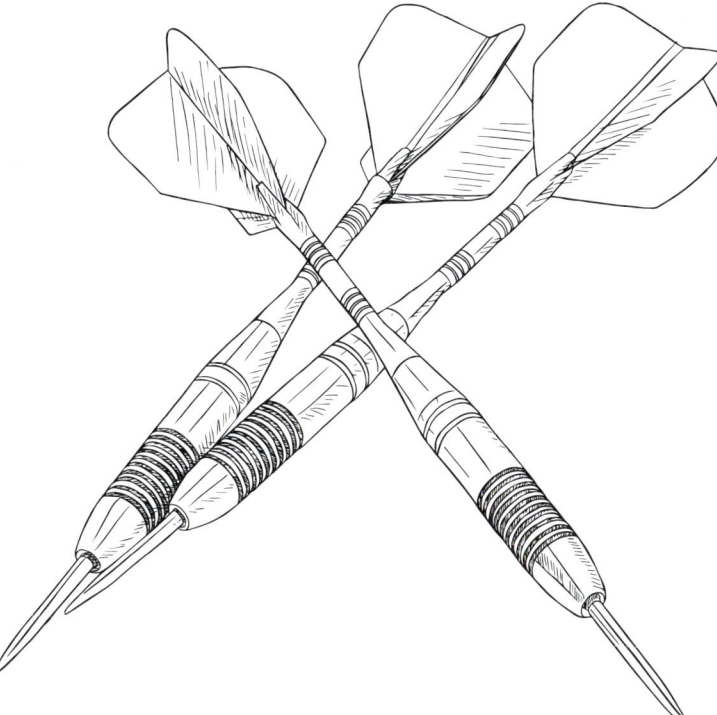

◀ ▲ Ob Heinrich VIII., hier auf einem Porträt nach Hans Holbein d. J. (erstellt 1536–1537), geahnt haben mag, wie sich die Entwicklung des Dartsports – und insbesondere die der Pfeile – entwickeln werden. Wir tippen mal: Eher nicht

der Brauerei S. Hockey & Sons stammen und daher auch Namensgeber für den Begriff »Oche« sein. Aber wie so viel lässt sich auch dies nicht belegen, Historiker fanden nicht einmal verlässliche Spuren einer Existenz des Bierherstellers. Gut erzählbar ist die Geschichte dennoch allemal.

Urheber könnte auch ein Drahtmacher sein

Die genaue Reihenfolge der Zahlen 1 bis 20, wie wir sie heutzutage kennen, haben wir angeblich dem Zimmermann Brian Gamlin zu verdanken. 1896 zog er mit einer nummerierten Scheibe landauf, landab. Um einen

> Angeblich ist die Aufteilung der Dartscheibe so entstanden: Ein geschäftstüchtiger Schausteller ordnete die hohen Ziffern stets in unmittelbarer Nachbarschaft zu niedrigen Werten an – so wollte er Glückswürfe verhindern.

möglichst hohen Reibach zu erzielen und Glückswürfe weitestgehend zu verhindern, ordnete der geschäftstüchtige Schausteller die hohen Ziffern stets in unmittelbarer Nachbarschaft zu niedrigen Werten an. Für die Reihenfolge gäbe es weit mehr als 121 Billiarden (!) verschiedene Möglichkeiten. Durchgesetzt hat sich nur diese eine. Aber auch hier wurde die Existenz des guten Herrn Gamlin bereits angezweifelt. Auch ein gewisser Drahtmacher namens Thomas William Buckle ist in der Verlosung, die Anordnung auf Grundlage des London Five Board, einer Scheibe in Fünferschritten, entwickelt zu haben. ⓒ

| Historie |

Glücksspiel? »Nein« (sagt der Richter)

Zu Beginn des 20. Jahrhunderts war Darts längst zu einem weitgreifenden Zeitvertreib geworden. 1902 fanden auf privater Ebene erste Wettkämpfe statt.

Und noch im selben Jahr vermeldete eine Tageszeitung in Lancester stolz die ersten 180. Dies deutet darauf hin, dass schon damals eine Aufnahme mit drei Pfeilen gespielt worden sein muss. Heute wäre der Highscore medial natürlich nicht einmal eine Randnotiz wert. Nach der Erfindung von Papierflights wurde der Dartpfeil weiter optimiert: 1906 tauchten im Norden Englands die ersten Barrels aus Messing auf. Die metallene Version des Spielgerätes sollte so gut ankommen, dass Holzpfeile in den Dreißigerjahren keinerlei Rolle mehr spielten.

So beliebt Darts auch gewesen ist, in der Öffentlichkeit durfte dem Hobby nicht nachgegangen werden. Nicht einmal in Pubs, wo man das Tocken eines Dartpfeils stets am ehesten vermutete. Darts galt als Glücksspiel, und Glücksspiele waren verboten. Demnach durfte auch nicht auf den Ausgang eines Spiels gewettet werden. Da der Engländer aber schon früher auf nahezu alles Vorstellbare setzte, war es aber nur eine Frage der Zeit, bis das Gesetz gebrochen werden sollte. So ließ Jim Garside im Jahr 1908 in seinem Pub »Adelphi Inn« in Leeds angeblich erst die Pfeile und dann die Scheine fliegen – und landete vor Gericht.

Vor dem Richter behauptete er steif und fest, dass Darts nichts mit Glück, sondern ausschließlich mit Können zu tun habe. Als Entlastungszeugen hatte Garside den besten Spieler der Umgebung, seinen Freund William »Big Foot« Annakin, dabei. Dieser warf auf das Board und traf dreimal die einfache 20. Daraufhin versuchte einer der Gerichtsdiener sein »Glück«, der überhaupt nur einmal die Scheibe traf. Nachdem »Big Foot« seine nächsten drei Pfeile allesamt ins Triple-20-Segment gedonnert hatte, blieb dem verblüfften Richter nichts anderes übrig als ein Urteil zu sprechen, das bis heute unter Dartspielern als geflügeltes Wort gilt: »This is no game of chance.« Kein Glücksspiel also. Heute wissen wir mehr denn je, wie recht er damit hatte, auch wenn der tatsächliche Wahrheitsgehalt dieser Anekdote unklar erscheint.

Einer zügigen Ausbreitung der Darts-Leidenschaft auf der Insel stand nichts mehr im Wege. Die Gründung der National Dart Association (NDA), einem ersten dachverbandähnlichen Zusammenschluss in Großbritannien im Jahr 1925, stellte einen ersten Meilenstein auf dem Weg von einer freundschaftlichen Kneipenaktivität in Richtung eines Sports dar. Gemeinsam mit der früheren Boulevardzeitung »News of the World« wurde 1927 ein erstes Turnier in großem Stil aufgezogen. Zwölf Jahre später sollten gar bis zu 15.000 Zuschauer das Finale dieser Veranstaltung besuchen.

1937 befeuerten Blaublüter den sich anbahnenden Hype. Bei einem Besuch eines Social Club in Slough wurden Königin Elisabeth, heute bekannt als Queen Mum, und König Georg VI. zum Dartspielen eingeladen. Der König warf in einer Aufnahme 19 Punkte, die Königin erzielte 21 Punkte und erklärte sich zur Siegerin. Der zweite Weltkrieg bremste die Entwicklung nur kurz. Bei der Londoner Stadtmeisterschaft von 1947 spielten sagenhafte 300.000 (!) Menschen beim teilnehmerstärksten Turnier der Geschichte Darts.

180er waren damals noch nicht alltäglich. Dies lag auch daran, dass sich die noch recht dicken Pfeile aufgrund der geringen Dichte des Materials Messing nur schwer nebeneinander im Triple-20-Feld platzieren ließen. Mit der Umstellung auf Wolfram in den Sechzigerjah-

▶ Selbst Ihre Majestät Queen Elizabeth wagte sich einmal, beobachtet von Arbeitern und Angestellten, an die Dartscheibe. Der König warf in diesem Duell 19, Queen Mum 21 Punkte – und erklärte sich folgerichtig zur Siegerin

◀ Der Pub »Adelphi Inn« in Leeds – genauer: sein Besitzer – schrieb Darts-Geschichte

▲ Darts »zieht« – hier als Beleg ein Schnappschuss aus dem Empress Ballroom Winter Gardens im englischen Blackpool vom Juli 2019

| Historie |

»The split in darts« 1997

> »I know people say that we are a load of beer drinkers but we are far more professional these days. These critics should come and have a go at playing darts if they think it is so easy.«
>
> Adrian Lewis
>
> Frei übersetzt: Ich weiß, dass die Leute denken, wir wären eine Fuhre von Biertrinkern, aber wir sind viel professioneller aufgestellt. Die Kritiker sollten doch einfach mal kommen und selber Darts spielen, wenn sie glauben, dass es so einfach ist.

ren wurde Abhilfe geschaffen. Die Pfeile wurden schmaler, ohne an Gewicht zu verlieren. Der Drei-Dart-Average stieg erheblich, was sich auch auf die Attraktivität des Spiels auswirkte. 1970 wurde das »News of the World«-Turnier erstmals im englischen TV übertragen.

Nach der Gründung der British Darts Organisation (BDO) im Jahr 1973, den für viele Jahre führenden Dartverband, und der World Darts Federation (WDF) 1976, den Zusammenschluss von zunächst 15 nationalen Verbänden, flimmerte auch die allererste Darts-WM über die Mattscheiben des Landes. Im ersten Finale 1978 setzte sich der Waliser Leighton Rees mit 11:7 gegen den Engländer John Lowe durch.

Es lief wie am Schnürchen. Schon in den Achtzigern wurden die Protagonisten als Stars verehrt. Nebenbei verdienten sie gutes Geld. Die Zahl der Aktiven wurde in Großbritannien auf sieben Millionen geschätzt. Bei damals 56 Millionen Einwohnern ging also jeder Achte (!) dem Darts nach. Aber war es nun ein Sport oder weiter ein Spiel? Wie in der Kneipe von nebenan auch war der Konsum von Alkohol und Tabak auf der Bühne selbst bei größeren Turnieren erlaubt. Die Spieler machten von dieser Möglichkeit rege Gebrauch. Es kam nicht selten vor, dass ein Spieler nach einem (meist verlorenen) Match ungelenk von der Bühne torkelte.

In der Öffentlichkeit geriet Darts deshalb in Verruf. Das Fass zum Überlaufen brachte ein Kultsketch der Comedy-Sendung »Not the Nine O'Clock News« mit Mr. Bean-Darsteller Rowan Atkinson als Erzähler, bei dem arg füllige Akteure bei einem Saufgelage nicht die Doppel- oder Triplefelder auf dem Board sondern doppelten Wodka oder Brandy anstatt eines einfachen Pints Bier mit ihren Mündern anvisierten. Das allgemeine Interesse ging spürbar zurück, TV-Übertragungen wurden seltener, und die Sponsoren zeigten dem Darts die kalte Schulter. Daran änderte sich auch vorerst nichts, als der Alkohol 1989 ein für alle Mal von der Darts-Bühne verbannt wurde. Die Preisgelder blieben auf einem vergleichsweise niedrigen Niveau.

Dies brachte einige der besten Dartspieler, darunter Phil Taylor, Eric Bristow, Dennis Priestley oder Jocky Wilson, auf den Plan, die sich zunehmend ihrer Existenzgrundlage bedroht sahen. Sie boykottierten die Turniere der BDO und beschlossen 1992 mit der Gründung eines eigenen Verbandes, des World Darts Council (WDC), das Image des Darts nachhaltig zu verbessern, um Geldgeber zurückzugewinnen. Das Vorhaben der damaligen Topstars trug tatsächlich Früchte.

Richtungsweisende Trennung

Pay-TV-Riese Sky Sports stieg ein und nahm WDC-Turniere in sein Programm auf. Dies gefiel dem langjährigen Marktführer gar nicht, und die Abtrünnigen wurden auf BDO-Initiative für alle Veranstaltungen des Dachverbands WDF ausgeschlossen. Erst nach einem Klagemarathon einigten sich beide Verbände 1997 außergerichtlich, dass sie nebeneinander unter dem Dach des WDF bestehen dürfen und Spieler die Wahl haben, in welchem Verband sie auflaufen mögen. Der WDC stimmte der Namensänderung in Professional Darts Corporation (PDC) zu. Diese schmutzige wie richtungsweisende Trennung ging als »Darts Split« in die Annalen ein.

Für die PDC begann eine Erfolgsgeschichte. Während die BDO zunehmend in finanzielle Schieflage geriet und im September 2020 letztendlich den Gang in die Liquidation antreten musste, lockt die weitaus prestigeträchtigere PDC weiterhin regelmäßig viele Tausend Darts-Freunde auf dem ganzen Kontinent in ausverkaufte Hallen. Und ein Ende des Darts-Booms scheint noch lange nicht erreicht ...

| Darts in Deutschland |

Auch abseits des Scheinwerferlichts der PDC spielen sich bei den Wettbewerben des Deutschen Dart-Verbandes (DDV) hierzulande beachtenswerte sportliche Leistungen ab. Doch es geht nicht nur um Präzision: Im Amateurdartsport stehen Fairplay, Zusammenhalt und Freundschaft im Mittelpunkt.

Höchstes Ziel innerhalb des DDV ist die Berufung für die Nationalmannschaft, die sich in Medaillen-, Perspektiv- und Ergänzungskader bei den Frauen und Männern sowie dem Nachwuchskader der Mädchen und Jungen aufteilt. Insgesamt gehören mehr als 50 Athleten zum deutschen Aufgebot. Neben der Platzierung in der DDV- sowie der WDF-Rangliste und den Leistungen in der Bundesliga gelten aber auch Teamfähigkeit und soziale Kompetenz zu den Nominierungskriterien von Bundestrainer Roland Scholten.

DARTS IN DEUTSCHLAND

Der DDV wurde am 21. August 1982 offiziell gegründet, 1983 nahmen deutsche Teams erstmals bei Welt- und Europameisterschaften der WDF teil. 1986 wurde mit den German Open in Düsseldorf das erste internationale Darts-Turnier veranstaltet, das seit 1991 den Status eines Ranglistenturniers der World Darts Federation (WDF), dem Dachverband verschiedener Nationalverbände, besitzt. Als Mitglied des Deutscher Olympischer Sportbund (DOSB) ist der DDV seit 2010 offiziell als Sportart anerkannt.

Aktuell trägt der DDV zwischen September und Juni acht Ranglistenturniere, das Saisonfinale German Masters sowie zwei Pokalwettbewerbe aus. Seit der Saison 2003/2004 gehört die zweigleisige Bundesliga, mit je neun Mannschaften im Norden und Süden sowie einem finalen Abschlusswochenende der acht besten Mannschaften, zum Terminkalender. Pro Bundesligaspiel werden acht Einzel und vier Doppel ausgetragen. Während der Corona-Pandemie wurden die Wettbewerbe des DDV komplett ausgesetzt. Dennoch waren im Jahr 2020 in 13 Landesverbänden mehr als 16.000 Aktive gemeldet – so viele wie nie zuvor. ◎

DDV-BUNDESTRAINER ROLAND SCHOLTEN
Das perfekte Vorbild

Info

Name: Roland Scholten
Nickname: The Tripod
Geburtstag: 11. Januar 1965 in Den Haag/Niederlande
Verein: /
Dartpfeile: Eric Bristow 21 g
Wurfhand: rechts
Musik: »Chelsea Dagger« (Interpret: The Fratellis)
Größte Erfolge: Sieger UK Open 2004, WDF-Weltmeister 1993, Sieger PDC World Pairs Championship 1997 (mit Raymond van Barneveld), PDC-WM Viertelfinale 2001 und 2003, BDO-WM Halbfinale 1998

▲ Erst Top-Spieler, jetzt Bundestrainer beim Deutschen Dart-Verband (DDV): Der in Den Haag geborene Roland Scholten blickt auf einen reichen Erfahrungsschatz in der Dartwelt zurück – und kann hoffentlich viel davon an die deutschen Nationalspieler weitergeben

Von frühester Kindheit an verbrachte Roland Scholten viel Zeit in der Gaststätte seines Vaters. Dartpfeile ließ der Niederländer aber bis zu seinem 17. Lebensjahr links liegen.

Mein Vater kam eines Tages zu mir und sagte, dass ich am Freitag in einem Team Darts spielen soll. Dann habe ich gesagt: »Na gut, ich bin dabei«, schildert Scholten – später eine Zeit lang selbst Wirt – seine sportlichen Anfänge.

Und er blieb dabei. Drei Jahre später wurde er in eine Auswahlmannschaft berufen, vier Jahre später in die Nationalmannschaft. 1993 triumphierte er bei der WDF-WM in Las Vegas im Einzel – und könnte als heutiger DDV-Bundestrainer damit kaum ein besseres Vorbild für seine Schützlinge sein.

Doch »The Tripod« (das Stativ), wie er aufgrund seiner ruhigen, nach vorne gebeugten Körperhaltung beim Wurf genannt wurde, hat noch weitaus mehr zu erzählen. Mehrere Jahre lang gehörte Scholten als Top-10-Spieler zum Establishment der PDC, gewann mit den UK Open 2004 sogar einen Major-Titel. 2006 unterlag er Phil Taylor erst im Endspiel der Premier League.

Auftritte bei Einladungsturnieren

Ab 2008 hatte Scholten dann zunehmend mit Schulter- und Nackenproblemen zu kämpfen und musste sich ein Jahr später sogar einer Operation unterziehen. Nach seinem Comeback fand er nicht wieder zu alter Stärke zurück und konzentrierte sich fortan auf das Kommentieren von Darts-Events. Sein sich wiederholender Ausspruch »Elmar, haben wir noch Fragen?« bei den Übertragungen auf Sport1 ist in Darts-Kreisen bis heute geflügeltes Wort – und genießt Kultstatus! Nach wie vor kommentiert Scholten für den niederländischen Sender RTL7, spielt bei Einladungsturnieren – und gibt seinen Erfahrungsschatz an die Nationalspieler weiter.

| Darts in Deutschland |

»Übung und Motivation«

Roland Scholten im Interview: Der DDV-Bundestrainer über die Spielstärken der deutschen Damen und Herren, nach welchen Kriterien er die Nationalkader zusammenstellt und wie er diese im internationalen Vergleich sieht.

Frage: Herr Scholten, wie wird man eigentlich DDV-Bundestrainer?

Roland Scholten: Vor einigen Jahren habe ich bei der Eröffnung eines Dartshops Jürgen Rollmann, den Sportdirektor des DDV, kennengelernt. Damals hatte ich gesagt, dass er mich anrufen kann, wenn er mal einen Bundestrainer sucht. Das hat er dann 2020 gemacht.

Wie kann man sich die Arbeit vorstellen?

Scholten: Normalerweise geht man bei der Auswahl der Spieler nach dem Ranking, und dann schaut man, ob Potenzial für die Nationalmannschaft vorhanden ist. Doch wegen Corona gibt es momentan keine aktuellen Ranglisten. Glücklicherweise konnten wir, als eines der wenigen Länder im Februar mögliche Nationalspieler zu einem Lehrgang zusammenholen. Demnächst werde ich dann eine engere Auswahl berufen, von der ich denke, dass die Spieler das Zeug zu einer WM oder EM haben. Es geht dabei nicht nur um das spielerische Niveau, sondern auch um so viel mehr. Welche Persönlichkeit hat der Spieler? Ist er Einzelgänger oder Teamspieler? Je nach Turnierformat kann man beide Typen gebrauchen. Wie ist die Körpersprache? Wie konzentriert und motiviert sind sie? Verschiedene Faktoren müssen berücksichtigt werden, um zu sagen, ob ein Spieler über Talent verfügt oder nicht.

Wie sind Sie in der Coronazeit auf die Spieler gekommen?

Scholten: Herr Rollmann wusste ganz genau, wie sich die Spieler in den vergangenen Jahren geschlagen haben. Wir sind ein gutes Team, die Zusammenarbeit klappt super! Diese Leute habe ich mir angesehen – auch in Duellen mit Spielern aus dem Deutschen Sport Automaten Bund (DASB). Von den E-Dartspielern habe ich auch einen oder zwei angesprochen, ob sie sich nicht mal beim Steeldarts versuchen wollen. Insbesondere bei den Damen ist die Spitze aktuell nicht sehr breit.

Wie ist es denn insgesamt um die Spielstärke der DDV-Athleten bestellt?

Scholten: Wir haben auch gute Damen, aber wir haben zu wenige, um einen Schritt weiterzukommen. Je besser dein Gegner ist, desto motivierter bist du, mehr Zeit für Darts zu investieren. Wenn man alles locker gewinnt, ist die Motivation weniger ausgeprägt. Die Stärke unserer Männer sieht man allein daran, wie viele deutsche Spieler wieder eine PDC-Tourcard bekommen haben. Michael Unterbuchner, Florian Hempel und Martin Schindler waren früher alles Nationalspieler.

Welches ist das beste Alter, um mit dem Dartspielen zu beginnen?

Scholten: Das kann man pauschal nicht sagen. Je früher man anfängt, desto mehr Vorteile hat man natürlich, weil Erfahrung ein wichtiger Faktor ist. Das sieht man allein an Max Hopp oder Nico Kurz, deren Eltern auch schon Darts gespielt haben.

Welchen Trainingsumfang empfehlen Sie für zuhause?

Scholten: Auch das muss man individuell bewerten. Es kommt darauf an, wie viel Lust und wie viel Zeit die Person hat. Wie weit man es damit bringen möchte. Alles hängt an Übung und Motivation.

Ein Profi der PDC hat normalerweise keinen Trainer, was genau können Sie den Nationalspielern beibringen?

Scholten: Ich kann ihnen die Erfahrungen aus meiner Zeit als Profi weitergeben und sagen, was ich von ihnen erwarte. Wir haben hauptsächlich Leute dabei, die Darts nur in ihrer Freizeit spielen. Einige haben aber durchaus das Potenzial, die Q-School zu spielen. Ich muss versuchen, diese Spieler zu motivieren und so viel wie möglich trainieren zu lassen. Wir haben aber auch Spieler dabei, die guten Berufen nachgehen und die gar kein Interesse daran haben, über den DDV hinauszukommen. Diesen versuche ich ebenfalls zu helfen.

Wo steht denn der deutsche Dartsport im Vergleich zu anderen Nationen?

Scholten: Alles hängt an guten Resultaten. Wenn ein Hopp gute Ergebnisse einfährt, kommt ein Clemens und denkt: »Hey, das kann ich auch.« Der nächste ist dann vielleicht Unterbuchner oder Schindler. Je mehr Spieler Erfolg haben, desto besser ist es. Ohne Spitze gibt es keinen Breitensport. Deutschland ist aber auf einem guten Weg. ◉

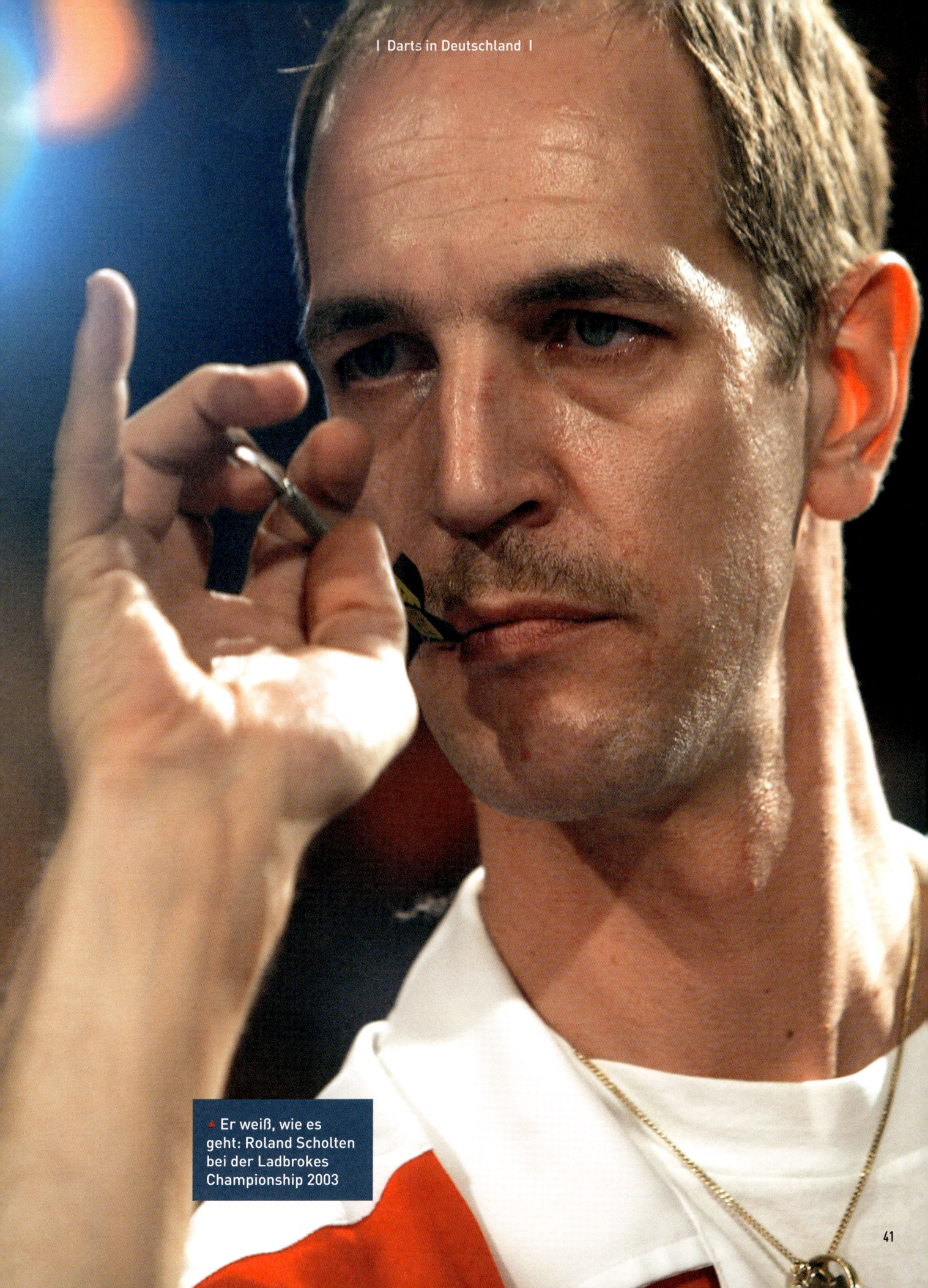

Er weiß, wie es geht: Roland Scholten bei der Ladbrokes Championship 2003

| Darts in Deutschland |

▲ Vertrauensvolles Verhältnis: DDV-Mentaltrainer Markus Koch mit den deutschen Top-Spielern Max Hopp (links) und Martin Schindler

MENTALTRAINER MARKUS KOCH

Fokussierter Tausendsassa

Präzisionssportarten hatten es Markus Koch schon immer angetan. In mehr als 25 Jahren als aktiver Sportschütze errang er beachtliche Erfolge auf Landesebene, als deutscher Nationaltrainer mit der Armbrust fuhren seine Schützlinge zwischen 2010 und 2013 nicht weniger als 25 internationale Titel, darunter 14 WM-Titel, ein.

Ein Zufall lenkte den Kriminalhauptkommissar, der seinen Fokus auch dort seit mehr als zehn Jahren auf mentales Coaching gelegt hat und außerdem als Speaker und Life-Kinetik-Trainer tätig ist, zum Darts. »Ein Spieler aus Berlin war über meine Vita auf mich aufmerksam geworden und hatte mich gefragt, ob ich nicht mal zu einem kurzen Gespräch vorbeikommen wollte«, erzählt Koch. Eine Gruppe weiterer Spieler, darunter Martin Schindler, stieß hinzu. Das »kurze« Gespräch ging schließlich bis vier Uhr nachts.

Aus dieser Fügung ist längst eine regelmäßige Zusammenarbeit geworden. Nicht nur der Deutsche Dart-Verband, auch die nationalen Topspieler wie Max Hopp oder eben Schindler bauen mittlerweile fest auf die Dienste des 48-Jährigen, der sich im Durchschnitt zehn Stunden die Woche mit Dartspielern beschäftigt und auch gerne mal ein ganzes Wochenende dafür investiert.

Ein Leben ganz ohne TV

Zum Ausgleich seiner eigenen mentalen Balance ist der zweifache Vater und Großvater gern in der Natur unterwegs – ob für Ausdauersport oder um einfach die Ruhe zu genießen. Einen Fernseher besitzt er seit 15 Jahren nicht mehr.

Und welche Figur macht Koch selbst am Dartboard? »Mir wurde unterstellt, dass ein gewisses Talent vorhanden wäre, aber ich spiele nur, wenn ich von einem guten Trainer begleitet werde«, sagt er. »Ich möchte meinem Gehirn keinen Blödsinn beibringen.« ◉

| Darts in Deutschland |

NATIONALSPIELER SEBASTIAN POHL
Bei Opa fing alles an

Info

Name: Sebastian Pohl
Nickname: /
Geburtstag: 31. März 1995 in Dachau
Verein: Irish Folk Pub Dart Club München
Beruf: Industriekaufmann
Dartpfeile: One80 Sword Edge Stiletto 22 g
Wurfhand: rechts
Größte Erfolge: Teilnahme PDC Youth World Championship 2018, Teilnahme WDF-WM 2019, Hauptfeld PDC European Tour in Riesa 2020, zwei DDV-Turniersiege 2020

▸ Sebastian Pohl zählt zu den talentiertesten Spielern im Deutschen Dart-Verband

Neben dem legendären Paul Lim wurden die Knie weich. »Ich war nervöser als sonst, eigentlich hätte ich ihn schlagen können«, gesteht Sebastian Pohl nach dem Duell bei der WDF-WM 2019.

Möglicherweise wird er sich an größere Namen gewöhnen müssen, denn der Münchner zählt zu den hoffnungsvollsten Spielern im Kreis der Nationalmannschaft.

An der E-Dartscheibe seines Opas hatte Pohl in jungen Jahren noch nicht viel getroffen, doch parallel zu den WM-Übertragungen wurde er im Keller seines Elternhauses schnell besser und besser. Seit seiner ersten Teilnahme bei einem Jugendturnier des Oberbayerischen Dartverbandes im September 2010 sind die Pfeile seine ständigen Begleiter. Mittlerweile wird fünf bis sechs Tage pro Woche gespielt, mindestens drei von vier Wochenenden sind fest für sein großes Hobby verplant. »Wenn man in einem engen Match das letzte Doppel trifft, ist es einfach ein unbeschreibliches Gefühl«, schwärmt Pohl, der aber auch gern Zeit mit Familie und Freunden verbringt, Schwimmen geht oder sich aufs Rad schwingt.

Nach anfänglichen Erfolgen in Bayern und später auf nationaler Ebene – Pohl feierte allein 2020 zwei Turniersiege und beschloss die DDV-Rangliste 2019/2020 auf Platz drei – enterte er im vergangenen Jahr in Riesa sogar erstmals die große Bühne bei einem European-Tour-Turnier der PDC. Dort knöpfte er dem Niederländer Danny Noppert aus der erweiterten Weltspitze immerhin ein Leg ab.

Sein Traum: Ein Auftritt im Ally Pally

Insgeheim träumt Pohl von einem Auftritt im Ally Pally, auch wenn seine Ambitionen von der Corona-Pandemie vorerst gebremst wurden: »Ich kann es schaffen, aber es ist ein langer Prozess.« Deshalb plant der gelernte Industriekaufmann vorerst zweigleisig: Arbeiten und Dartspielen – mit möglichst vielen Einsätzen für den DDV.

| Darts in Deutschland |

Alles findet im Kopf statt

Gedanken-Austausch mit Markus Koch: Der DDV-Mentaltrainer spricht über seine Erfahrungen in der Zusammenarbeit mit Spielerinnen und Spielern. Er erläutert zudem die Besonderheiten der Sportart Darts auf die Psyche der Aktiven und gibt Anleitungen, wie die Vorstellungskraft das Leistungsvermögen verbessern kann.

Frage: Welche Rolle spielt die mentale Komponente beim Darts und wo ist der Unterschied zu anderen Sportarten?

DDV-Mentaltrainer Markus Koch: Eine wichtige. Zweifel, Unsicherheit und Angst vor dem Versagen gibt es in jeder Sportart, aber dadurch, dass beim Darts die Bewegung relativ gering ausfällt, kann man nur schwer Adrenalin abbauen. Man kann nicht mal kurz mit dem Schläger auf den Platz hauen wie beim Tennis. Alles findet im Kopf statt. Deswegen ist Darts für meine Begriffe eine Mentalsportart.

Gibt es einen Typ Menschen, der sich besonders zum Dartspielen eignet? Und wie sieht es bei Frauen und Männern aus?

Koch: Das ist schwierig zu beantworten. Allein im Profi-Zirkus gibt es die unterschiedlichsten Persönlichkeiten, die alle auf einem Weltklasseniveau spielen können. Deshalb würde ich nicht sagen, dass ein besonnener, generell fokussierter Typ zwingend der bessere Spieler ist. Es gibt Stimmen, die behaupten, dass im 20. Leg eines WM-Finals Frauen körperlich gegenüber männlichen Spielern benachteiligt sind. Aber ich halte Frauen in jedem Fall dazu in der Lage, vom Mentalen her auf einem Niveau mitzuhalten. Und von der Technik her sowieso.

Wie sieht denn ein mentales Coaching ganz konkret aus?

Koch: Bei einem Individualcoaching kläre ich erst mit einem Spieler, wo er seine Herausforderungen sieht. Spieler auf einem gewissen Niveau haben sich aber oft schon Mentaltechniken durch Training angeeignet, ohne zu wissen, dass es welche sind. Wenn ein Checkdart einen Spieler eher unter Druck setzt oder lähmt anstatt zu beflügeln, dann reden wir darüber, wie er mit dieser Blockade umgehen kann. Dann landen wir meist bei »Quick-Win«-Techniken, die schnell anwendbar und wirksam sind. Wenn ein Spieler denkt, er müsse jetzt checken, dann sollte er sich klarmachen, dass er gar nichts muss. Vielleicht darf er checken, vielleicht kann er checken. Vielleicht sagt er sich auch, er wolle checken oder er werde checken. Die stärkste Botschaft für das Unterbewusstseins ist es, sich zu sagen, dass man schon gecheckt hat. Das heißt, er sieht den Pfeil ganz kurz schon im gewünschten Feld stecken. Vielleicht versucht er sogar schon, kurz in die Emotion zu gehen, wie Zufriedenheit oder Souveränität. Eine Sekunde kann bereits reichen. Dann ist für den Kopf keinerlei Zweifel mehr möglich, wenn er das Ergebnis schon gesehen und sich darüber gefreut hat.

Man kann also auch seinen Pfeil in das gewünschte Feld hineindenken.

Koch: Ganz genau. Es ist eine Angst da, das Feld nicht zu treffen, und es gibt diverse Arten, mit dieser Angst umzugehen. Eine ist es, diese Herausforderung meistern zu können. Man verringert diese Herausforderung, indem man sich vorstellt, dass dieses Feld groß ist – vielleicht doppelt so groß. Vielleicht gar so groß wie die ganze Wand. Der Spieler muss den Pfeil dann einfach nur loslassen. Der Arm weiß, was er zu tun hat.

Welche Kniffe wären denn besonders für Einsteiger geeignet?

Koch: Oftmals geht es um Nervosität. Gerade wenn man es nicht gewohnt ist, unter Wettkampfbedingungen zu spielen oder mit der Technik noch unsicher ist. Nervosität ist eine Botschaft des Körpers, die dem Schutz vor Gefahr dienen soll. Wenn man diese Bot-

| Darts in Deutschland |

> **Erst wenn Plan A nicht mehr klappt, kommt eine Werkzeugkiste voller Mentaltechniken ins Spiel.**
>
> DDV-Mentaltrainer Markus Koch

So soll es sein – Markus Koch zeigt das ideale Resultat. Doch wie da hinkommen, wie wiederholen, wie an Beständigkeit zulegen? Der Mentaltrainer des Deutschen Dart-Verbandes empfiehlt etwa bewusstes Atmen sowie »Hallo-Wach«-Techniken

schaft nicht ignoriert, sondern in sich hineinhört, dann verliert das Ganze schnell seinen Schrecken. Über die Atmung kann man sich durch ein langes Ausatmen durch Nase oder Mund vor einer wichtigen Aufnahme beruhigen. Wenn das Spiel dahinplätschert und die Konzentration nachlässt, dann hat man mit einem kurzen, schnellen Ausatmen auch die Möglichkeit, sich zu aktivieren. Ein anderer Kniff ist es, mit gewissen Hallo-Wach-Techniken etwa einen Schmerzreiz zu setzen, wie sich ins Ohrläppchen zu kneifen oder auf die Lippe zu beißen. Das Gehirn reagiert auf Schmerzen. Diese Mentaltricks lassen sich auch auf Beruf oder Alltag übertragen und wunderbar trainieren.

Wenn ein Superstar wie Gerwyn Price oder Michael van Gerwen so richtig ins Rollen kommt: Können Sie den mit mentalen Mitteln noch besser machen?

Koch: Grundsätzlich macht sich der Spieler immer selbst besser. Der Mentaltrainer gibt nur die Impulse. Aber selbst Top-Stars geraten immer mal wieder unter Druck und machen Fehler. Wenn man sich nur mal das WM-Finale 2021 vor Augen hält, als Price seine ersten Matchdarts nicht verwandeln konnte. Als er in der ungewohnten Situation war, Weltmeister werden zu können, wirkte er plötzlich nicht mehr so unbesiegbar wie vorher. Dann hat man ihm eine Blockade sogar an Körpersprache und Mimik angesehen. Da kann man immer noch etwas optimieren. Jeder Spieler braucht mentale Kniffe, aber eben nicht zu jedem Zeitpunkt. Wenn er einmal im Flow ist, muss er diesen wahrnehmen und genießen. Das ist immer Plan A. Erst wenn dieser nicht mehr klappt, kommt eine Werkzeugkiste voller Mentaltechniken ins Spiel. ⊚

Mentale Übungen sind keine Hexerei

Frage: Woran denkt man während eines Matches?

DDV-Nationalspieler Marko Puls: Wenn es positiv läuft, dann an gar nichts. Wenn es schlechter läuft, hat man Gedankengänge wie »Hoffentlich ist mein Gegner nicht der stärkste«, »vielleicht kann ich mich reinspielen« oder »hoffentlich nerven Beleuchtung oder Schreiber nicht«. Davor kann man auch Angst haben. Persönliche, private oder geschäftliche Probleme machen sich höchstens im Training bemerkbar.

Achtet man auf das Spiel des Gegners? Nimmt man äußere Einflüsse wahr?

Puls: Das macht jeder anders. Ich schaue ab und zu, wie mein Gegner wirft und was er wirft. Aber sehr selten. Andere rechnen sogar mit. Ich halte das für einen Fehler, weil es von den eigenen Zielen ablenkt. Wenn die Zuschauer laut sind, muss das nicht störend sein. Plötzliche Pfiffe oder wenn ein Glas herunterfällt – Geräusche, die nicht zur allgemeinen Lautstärke passen – können einen aber schon aus der Bahn werfen.

Gibt es Unterschiede zwischen der großen Bühne und Matches mit wenigen Zuschauern?

Puls: Es kann dir keiner erzählen, dass es ihn nicht beeinflusst, auf einer großen Bühne zu stehen. In der Bundesliga trifft man auf Spieler, die man jahrelang kennt. Es ist eine andere Geschichte, wenn man nicht weiß, wie der Gegner spielt. Und dann noch die Meute im Rücken. Versagensängste sind bei

jedem da. Wenn man den Angstpegel ausblendet, kann man sein Spiel aufziehen.

Haben Sie Tricks, sich zu fokussieren?

Puls: Man darf nicht alles an sich ranlassen. Bei der Q-School hatte mein Gegner zweimal geschimpft wie ein Rohrspatz. Früher wäre ich darauf eingegangen. Ich habe mich nach einem Gespräch mit dem Mentalcoach aber bewusst nur auf mich konzentriert.

Wie wichtig ist mentale Hilfe und kann man das Mindset trainieren?

Puls: Erst wenn etwas nicht funktioniert, beginnt man nachzudenken. Während meiner Durststrecke habe ich mentale Tipps aktiv genutzt, und es bringt mir wirklich etwas. Bislang hatte ich dreimal telefonischen Kontakt für einen längeren Zeitraum. Wenn man sich von zehn Vorschlägen auf zwei oder drei kleine Übungen fixiert, dann macht das schon etwas mit einem im Kopf. Und die Übungen sind keine Hexerei.

Kann es wirklich ausreichen, sich ein Feld größer zu denken?

Puls: Absolut. Ich konnte machen, was ich will: Zu 99 Prozent flog mein allererster Dart in die 5. Ich hatte das Gefühl, der Dart liegt nicht richtig in der Hand. Dann wurde mir gesagt: »Stell dir vor, es ist ein riesengroßes Tor, und du kannst die 5 gar nicht mehr treffen.« Ich habe mich daran gehalten, und nun habe ich es nicht mehr. ◉

NATIONALSPIELER MARKO PULS
Pfeile statt Kugeln

Eigentlich wollte Marko Puls Billard spielen. Doch als der Tisch aus seiner Stammkneipe wich, musste eine Alternative her. Schnell wurde er beim Darts fündig – erst an der elektronischen Scheibe, später beim Steeldarts.

Seit nunmehr 30 Jahren geht es für den gebürtigen Potsdamer, der im Alter von zwölf die DDR verließ und seitdem in Steinheim nahe Ludwigsburg lebt, nicht mehr ohne. Zwischen September und Juni ist ein Dreivierteljahr fast komplett mit Darts-Terminen durchgeplant, freie Wochenenden ein Ding der Unmöglichkeit.

Seine Passion war so groß, dass Puls sein Glück für mehrere Jahre als Profi versuchte. Mit der vollen Rü-

▸ Marko Puls

ckendeckung der Familie reiste der gelernte KFZ-Mechaniker von 2010 an quer durch Europa, um in der PDC Fuß zu fassen. Nachdem er auf der Stelle trat, die Frustration wegen sich stets ändernder Regularien immer größer wurde und sich eine neue berufliche Perspektive ergab, legte er den Fokus auf Wettbewerbe hierzulande und die Nationalmannschaft.

Tochter als Trainingspartnerin

Dies sollte sich auszahlen. In der Rangliste des DDV war Puls über mehrere Jahre hinweg eine Konstante an der Spitze. Nach einer zweieinhalbjährigen Durststrecke ist Puls, der als DDV-Athletensprecher als Bindeglied zwischen Sportlern und Verband fungiert, wieder auf gutem Weg zu alter Bestform. Dafür feilt er mindestens jeden zweiten Tag für zwei bis drei Stunden an seinem Spiel.

Eine Trainingspartnerin hat Puls, dem ein Neundarter beim DDV-Turnier in Marl 2007 im Doppel an der Seite von Karsten Koch in besonderer Erinnerung geblieben ist, in der eigenen Familie. Seine einzige Tochter Nina (22) hat es 2015 selbst zur Jugendweltmeisterin im Doppel gebracht und möchte nach ihrer Lehre die Pfeile wieder regelmäßiger in die Hand nehmen. »Ich habe schon noch die Nase vorn«, sagt Puls. »Aber sie ist dicht dran.«

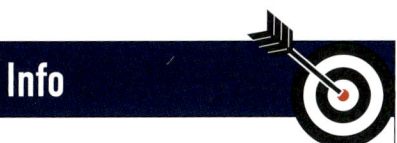

Info

Name: Marko Puls
Nickname: The Pulse
Geburtstag: 11. Dezember 1971 in Potsdam
Verein: DC Wolfsölden
Beruf: Sachbearbeiter
Dartpfeile: Jochen Weißmann 23 g
Wurfhand: rechts
Größte Erfolge: Neundarter mit Karsten Koch im Doppel beim DDV-Turnier in Marl 2007, mehrmalige Teilnahme an PDC-Turnieren, drei Mal Nummer 1 der DDV-Rangliste, Deutscher Meister 2011, 2012; beim E-Darts: Deutscher Meister 1998, Europameister 1998, Weltmeister im Doppel 2011

| Darts in Deutschland |

NATIONALSPIELER JENS ZIEGLER
Mitten ins Herz

▶ Jens Ziegler

Info

Name: Jens Ziegler
Nickname: The Black Scorpion
Geburtstag: 14. November 1977 in Helmstedt
Verein: DC Bulldogs Wolfenbüttel
Beruf: Lagerist
Dartpfeile: Jens Ziegler Basic 22 g
Wurfhand: rechts
Größte Erfolge: Berufung in die Nationalmannschaft ab 2016, mehrfach Niedersachsenmeister, Sieger DDV Ranglistenturnier Sylt 2016

Im Dartsport fand Jens Ziegler nicht nur seine absolute Leidenschaft, sondern auch die große Liebe. Als er 2009 beim Turnier in Peine das Match eines Kumpels verfolgte, fiel ihm vor allem Gegenspielerin Melanie Kunze auf.

Das Match hat sie zwar verloren, das Interesse von Ziegler aber geweckt und im Folgejahr schließlich sein Herz gewonnen. Mittlerweile fahren die beiden Nationalspieler, die in Adelebsen bei Göttingen leben, nahezu jedes Wochenende gemeinsam zu den Dartspielen.

Hat Ziegler früher selbst noch Fußball gespielt, dreht sich für den Fan von Schalke 04 nunmehr alles um Darts. Viel Zeit für weitere Hobbys bleibt da nicht. »Ich bin so verrückt, ich würde für Turniere überall auf den Planeten hinfahren«, behauptet Ziegler, der die Kosten dafür komplett aus eigener Tasche trägt.

Ambitioniert: Sein Trainingspensum

1996 hatte ihn ein Freund zum Dartverein mitgenommen. Der familiäre Zusammenhalt dort beeindruckte ihn so sehr, dass er bis heute geblieben ist. Nach 20 Jahren – erst als reiner Zeitvertreib, später mit vielen beachtlichen Erfolgen auf Landesebene in Niedersachsen – wollte es Ziegler noch einmal wissen und schauen, was er im nationalen Vergleich erreichen kann. Auf seinen ersten DDV-Turniersieg auf Sylt 2016 folgte bald die Einladung zur Nationalmannschaft mit Teilnahmen an Welt- und Europameisterschaften der WDF. Seine erste Teilnahme an der Q-School der PDC in diesem Jahr soll nur der Anfang gewesen sein. Dafür trainiert »The Black Scorpion«, der seine eigenen Darts von Jochen Weißmann spielt, tagtäglich bis zu zweieinhalb Stunden – auch wenn das nach einem langen Arbeitstag schon mal Überwindung kosten kann. Ziegler möchte bald häufiger im internationalen Vergleich angreifen und sein Glück bei der PDC versuchen. ◎

NATIONALSPIELER RICARDO PIETRECZKO
Darts als zweite Chance

▶ Ricardo Pietreczko hat sich nach Ende seines Traums einer Karriere als Fußball-Torwart nun im Darts hohe Ziele gesteckt: Zumindest einmal will er zur WM nach London

Info

Name: Ricardo Pietreczko
Nickname: Pikachu
Geburtstag: 20. Oktober 1994 in Berlin
Verein: Dartverein Erlangen
Beruf: Maler und Lackierer
Dartpfeile: Gabriel Clemens Darts 23 g
Wurfhand: rechts
Größte Erfolge: 3. Platz bei der WDF-WM 2017, Deutscher Meister 2018, 3 x im Hauptfeld bei der European Tour der PDC

Mit seinem Schienbein zerbrach auch die Hoffnung auf eine Karriere als Profifußballer. Ricardo Pietreczko galt als eines der größten Torwarttalente beim Bundesligisten Hertha BSC, nach einem bösen Foul war alles aus.

»Mein früherer Trainer sagt bis heute, dass ich jetzt vielleicht im Hertha-Tor stehen würde, wenn ich weitergemacht hätte«, meint Pietreczko, der mittlerweile in Nürnberg lebt.

Die Wunden sind verheilt – körperlich und seelisch. Pietreczko ist noch immer eine Sportskanone, hat sich nun im Darts hohe Ziele gesteckt. »In fünf Jahren möchte ich die PDC-Tourcard haben und mindestens einmal bei der WM in London dabei gewesen sein«, sagt Pietreczko, der an guten Tagen über eine längere Distanz einen Average von 100 spielen kann. 2015 war er zwei Siege von einem Auftritt im Ally Pally entfernt, unterlag im Halbfinale der Super League, dem deutschen Qualifikationsturnier, dem späteren WM-Teilnehmer René Eidams. 2020 ließ der Spitzenreiter der DDV-Rangliste, dem eine gewisse – im Darts unerlässliche – mentale Stärke nachgesagt wird, erstmals auf der European Tour aufhorchen, als er in Sindelfingen mit einem 6:1 gegen Luke Woodhouse in die zweite Runde einzog. In der Coronazeit hielt sich Pietreczko mit seiner Freundin Nadine, die er auf einem Turnier kennengelernt hat, mit Online-Dartspielen auf Wettkampfniveau fit.

Seine Eltern, beide selbst gute Dartspieler, hatten irgendwann einmal ein Board in sein Zimmer gehängt. Nachdem sein Vater den damals 15-Jährigen eher zufällig beim Werfen einer hohen Aufnahme beobachtet hatte, nahm er ihn in seinen Verein mit. Schon etwa ein Jahr später nahm Pietreczko an DDV-Turnieren teil. Seit 2016 ist »Pikachu«, wie er nach seinem einmal falsch verstandenen Nachnamen in Dartkreisen genannt wird, Teil der Nationalmannschaft. In dessen Dress erreichte er beim WDF-World Cup 2017 im japanischen Kobe einen fantastischen dritten Platz im Einzel. Eigentlich kein Wunder, dass sich »Pikachu« im Heimatland der gelben Pokémon-Figur, die mittlerweile auch seine Darts-Hemden ziert, besonders wohl fühlt.

NATIONALSPIELERIN ANNE WILLKOMM
Einstieg mit links

Ihr großes Talent für den Dartsport entdeckte Anne Willkomm eher zufällig. Als Freunde 1998 oder 1999 sagten, dass im Dartverein noch Leute gebraucht würden, sei sie einfach mal mitgegangen, erzählt Willkomm, die bis dahin noch nie einen Pfeil in der Hand gehalten hatte: »Ich war froh, dass ich die Scheibe getroffen habe.«

Info

Name: Anne Willkomm
Nickname: /
Geburtstag: 5. November 1963 in Berlin
Verein: Rays Dartclub Berlin
Beruf: Buchhalterin
Dartpfeile: No Name 21 g, zylinderförmig
Wurfhand: rechts
Größte Erfolge: WDF-Europameisterin im Doppel 2014 mit Irina Armstrong, Deutsche Meisterin 2013

▲ Bemerkenswert: Weil am rechten Ellbogen verletzt, hatte Anne Willkomm zuerst mit links geworfen, erst später mit rechts – beides höchst erfolgreich

Als sie sich dann nach einem Fahrradsturz eine Bänderverletzung im rechten Ellenbogen zuzog und ihrer bisherigen Leidenschaft – Wasserball seit ihrem 14. Lebensjahr – nicht mehr nachgehen konnte, ging es vier Tage die Woche auf dem Nachhauseweg nicht mehr ins Schwimmbad, sondern zum Spielen in die Kneipe.

Weite Reisen

Willkomm fand mit dem linken Arm heraus, wie man kontrolliert wirft. Als dies ein paar Monate später mit rechts genauso gut gelang, waren sich ihre Vereinskameraden einig: »Es gibt nicht viele Frauen, die dich schlagen können, Anne!«

Seit 2000 ist die Diplom-Mathematikerin nun Stammgast bei DDV-Turnieren und mittlerweile auch Vorsitzende von Rays Dartclub in der höchsten Spielklasse ihrer Heimatstadt Berlin. 2013 und 2017 lernte Willkomm mit Reisen zu den WDF-Weltmeisterschaften in St. John's/Neufundland und Kobe/Japan neue Kontinente kennen. 2014 krönte sie sich in Bukarest im Doppel gemeinsam mit Irina Armstrong gar zur WDF-Europameisterin.

Auch wenn sich Turniertage in fortschreitendem Alter schon einmal länger anfühlen können: Ans Aufhören denkt Willkomm, die sich zudem aktiv in der Kirchengemeinde engagiert, nicht. Nach der langen Coronapause möchte sie wieder zu ihrer alten Leistungsstärke zurückfinden und Erfolge in der Nationalmannschaft feiern.

Noch immer: Große Motivation

Dafür geht es nach dem Aufstehen »zum Wachwerden« für eine Stunde ans Board. »Solange ich Spaß habe, werde ich weiterspielen«, verspricht Willkomm. Und ein Ende ist da nicht in Sicht ...

NATIONALSPIELERIN IRINA ARMSTRONG
Weltspitze nach Babyglück

Zielsicher mit Babybauch: Als Irina Armstrong aufgrund ihrer ersten Schwangerschaft nicht mehr ihrem großen Hobby Bowling nachgehen konnte, musste eine Alternative her.

So tauchte sie in der Gaststätte ihres Ehemannes John in den Niederlanden in den Dartsport ein – und fand schnell Gefallen. »Es wird sogar vermutet, dass Frauen besser spielen können, wenn sie schwanger sind«, meint Armstrong, die nach Sohn Christian (20) später auch noch Tochter Ksenia (15) zur Welt brachte.

Doch auch nach der Entbindung traf Armstrong, die in Gangelt unweit der deutsch-niederländischen Grenze lebt, die Felder erstaunlich gut. Über Jahre hinweg mauserte sie sich zu einer der besten Spielerinnen der Welt. So krönte sich die gelernte Bürokauf-

▸ Irina Armstrong mit einer ihrer zahlreichen Siegestrophäen

Info

Name: Irina Armstrong
Nickname: Ice Baby
Geburtstag: 6. Dezember 1970 in Vologda/Russland
Vereine: DC Brööker Dartschmiede und 1. DSC Bochum
Beruf: Alltagsbegleiterin
Dartpfeile: 23 g Unicorn
Wurfhand: rechts
Größte Erfolge: WDF-Weltmeisterin 2007 im Doppel mit Anastasia Dobromyslova; BDO-Frauen-WM Halbfinale 2011; Nummer 1 der Welt; WDF-Vizeweltmeisterin 2013 im Einzel, WDF-Europameisterin 2014 im Doppel mit Anne Willkomm

frau zur WDF-Welt- und Europameisterin im Doppel und Vizeweltmeisterin im Einzel, gewann unzählige Open- und DDV-Turniere und kletterte bis auf Platz eins der WDF-Frauenweltrangliste. Fünfmal nahm Armstrong an der BDO-Frauen-WM in Lakeside teil, stieß dabei 2011 – damals noch für ihr Heimatland Russland – bis ins Halbfinale vor. Seit 2013 vertritt Armstrong die deutschen Farben, seit 2015 liegt ihr Fokus auf der Nationalmannschaft.

Die Liste der Erfolge ist sehr lang, selbst der zweimalige BDO-Weltmeister Ted Hankey musste Armstrong schon zum Sieg gratulieren. Ein Titel bei den German Open sowie ein WM-Einzeltitel würden die Titelsammlung nahezu komplettieren.

Eine Form der Stressbewältigung

»Darts ist wie mein zweites Leben«, sagt Armstrong, die vor etwa 25 Jahren nach Deutschland kam und früher bis zu vier Stunden täglich am Trainingsboard stand. »Wenn ich Stress habe, nehme ich einen Pfeil und werfe, und ich vergesse alles um mich herum.« Entspannen kann Armstrong auch bei der Schmuckherstellung, ihrer zweiten Leidenschaft. Aus einem Spaß ist längst ein kleines Business geworden, für das sie selbstgemachte Ohrringe online zum Kauf anbietet. ◉

NACHWUCHSHOFFNUNGEN: WIBKE RIEMANN UND DOMINIK GRÜLLICH

Die Zukunft ist schon da

Die Seriensiegerin

Sechs Teilnahmen an DDV-Jugendturnieren in der Saison 2019/20, sechs Siege: An Wibke Riemann führt bei den Mädchen derzeit kein Weg vorbei. »Die anderen Spielerinnen waren schon gut, aber ich war irgendwie besser«, sagt die Seriensiegerin aus Mönchengladbach bescheiden. Doch selbst bei den Erwachsenen steht für die angehende Abiturientin schon ein Erfolg zu Buche.

Nachdem Riemann, die in frühester Jugend auch geritten ist, Ende 2017 einen Abdruck eines alten E-Dartboards im Keller entdeckt hatte, fragte sie ihre Eltern, ob sie Darts nicht auch einmal ausprobieren könne. Aus E-Darts wurde schnell Steeldarts, und wenig später ging es in einen nahegelegenen Verein.

Nach der Schule überlegt Riemann, ein Informatikstudium aufzunehmen, um einmal Programmiererin zu werden – am besten an einer Fernuniversität, damit sie ohne eine größere Abhängigkeit weiter Turniere spielen und ihrem Vorbild Rob Cross nacheifern kann.

Vorbild van Gerwen

Die WM-Medaille liegt irgendwo im Keller. In guter Erinnerung ist für Dominik Grüllich der dritte Platz im Jugend-Mixed-Wettbewerb bei der WDF-WM 2019 in Rumänien aber allemal. Nach der Coronazeit soll dann auch der Übergang zu den DDV-Herren gelingen.

Schon im zarten Alter von acht Jahren kam der Wolnzacher zum Darts, beide Elternteile waren selbst aktive Dartspieler. Wenn es nach dem Auszubildenden zum Landschaftsgärtner geht, soll es demnächst auf die PDC-Development-Tour der bis 23-Jährigen gehen. Und irgendwann natürlich zur PDC-WM. »Der Ally Pally ist für jeden Dartspieler ein Traum«, sagt Grüllich in breitem Bayerisch.

Sein großes Vorbild Michael van Gerwen hat er sogar schon kennenlernen dürfen. Sein Spielstil ähnelt aber nicht dem des extrovertierten Niederländers, wie Grüllich trocken sagt: »Ich habe einmal so schnell geschmissen wie er, das ist in die Hose gegangen.«

▲ Wibke Riemann

▲ Dominik Grüllich

Info

Name: Wibke Riemann
Nickname: /
Geburtstag: 18. August 2004 in Mönchengladbach
Verein: DC Mönchengladbach
Beruf: Schülerin
Dartpfeile: One80 Loulou 22 g
Wurfhand: rechts
Größte Erfolge: 3. Platz bei den BDO-World Masters der Juniorinnen, WDF World Cup Singles Youth: Achtelfinale 2019, DDV Ranglistenturnier Mädchen Flensburg: Siegerin 2020, DDV-Turniersieg in Flensburg 2020

Info

Name: Dominik Grüllich
Nickname: /
Geburtstag: 27. März 2002 in Pfaffenhofen an der Ilm
Verein: DC Black Birds Kelheim
Beruf: Auszubildender zum Landschaftsgärtner
Dartpfeile: One80 Striker 24 g
Wurfhand: rechts
Größte Erfolge: 3. Platz bei der WDF-WM 2019 im Jugend-Mixed mit Suzan Marie Atas, 5. Platz im Jugend-Einzel, DDV-Turniersieg 2019 auf Sylt bei der Jugend

| Darts in Deutschland |

Lust auf Darts ... ?

Na, neugierig geworden? Warum dann nicht einmal in einem Dartverein ganz in der Nähe vorbeischauen? Im Internet helfen gleich mehrere Seiten weiter, auf denen die Klubs und Ansprechpartner nach Regionen sortiert aufgelistet sind. In den meisten Fällen wird man dort mit offenen Armen empfangen. Nicht nur die Beispiele unserer vorgestellten DDV-Nationalspieler*innen zeigen, dass aus einem Zeitvertreib mit Suchtfaktor schnell eine echte Leidenschaft oder gar der Lebensmittelpunkt erwachsen kann.

Eins muss klar sein: Es geht nicht direkt unter tosendem Applaus mit Walk-on-Musik in den Alexandra Palace! Die Gegner heißen nicht Michael van Gerwen, Peter Wright oder Fallon Sherrock. Dafür muss man die Triplefelder auch nicht unbedingt am laufenden Band treffen, eine übertriebene Fitness mitbringen oder in der Blüte der Jugend stehen. Jeder hat einmal klein angefangen – und die Lernkurve kann unter Gleichgesinnten durchaus steil nach oben zeigen.

Es geht um viel mehr als um reine Präzision: Im Amateurdartsport nehmen Fairplay, Zusammenhalt und Freundschaft eine bedeutende Rolle ein – und nicht selten wurde dort sogar die Liebe des Lebens gefunden. Es ist sicherlich kein Zufall, dass jedes Turnier von den Spielern auch als eine Art Familientreffen bezeichnet wird, bei dem der Wohlfühlfaktor nicht zu kurz kommt, auch wenn man am Board verliert. Und dass es gerade diese Geselligkeit gewesen ist, die den Spielern in der scheinbar ewig andauernden Coronazeit am meisten gefehlt hat ...

www.deutscherdartverband.de

| Stars |

Hier kommt gleich zweimal zusammen, was zusammengehört: Zunächst Top-Star und Zuschauer. Und wenn es dann losgeht: Pfeil und Scheibe. Ort und Augenblick dieses Zusammentreffens markieren die Punktzahl – und dokumentieren die aktuelle Leistungsstärke des einzelnen Spielers. Frei abgewandelt von einer höchst populären Ballsportart – »das Runde muss ins Eckige« – sollte es beim Darts lauten: »Das Spitze muss ins Runde.«

DARTS:

| Stars |

◀ Peter Wright (links) und Gary Anderson beim Handshake. PDC Premier League Darts 2021 am 7. April 2021 in der Marshall Arena in Milton Keynes

STARS

| Stars |

MICHAEL VAN GERWEN
Rekordmann und Seriensieger

Michael van Gerwen musste sich umziehen. Mit feuchten Augen betrat der damals 29-Jährige dann die Bühne in der zweiten Runde der PDC-Weltmeisterschaft 2019 gegen den Engländer Alan Tabern.

»Ich wusste nicht, wie ich auf diesen Vorfall reagieren sollte, weil sowas wirklich noch nie passiert ist«, sagte van Gerwen nach dem folgenden 3:1-Erfolg und gab zu, dass es ihm durchaus zugesetzt hatte, auch wenn er die nachfolgende Partie erfolgreich gestaltete. »Ich wurde etwas emotional, aber ich habe mich schnell erholt und kann mich nicht beschweren, wie ich danach gespielt habe«, so van Gerwen weiter. Beim Einlauf, wenn die Darts-Profis durch ein Spalier jubelnder Fans im Alexandra Palace laufen, war es passiert. Ein Zuschauer hatte dem Niederländer zunächst einen gefüllten Bierbecher über die rechte Schulter gekippt, ehe eine weitere Ladung des Gerstensaftes im Gesicht des damaligen Weltranglistenersten gelandet war.

Der Vorfall muss van Gerwen auch an frühere Jahre erinnert haben. Als Kind wurde er von seinen Mitschülern aufgrund seines Übergewichts gemobbt, war unbeliebt und sportlich wenig talentiert. Im Fußball hatte er sich ausprobiert, die Schuhe aber schnell wieder an den Nagel gehängt. Auch ein Versuch im Judo endete alsbald. Mit zwölf Jahren erhielt er eine Einladung zu einem Junioren-Darts-Turnier und holte auf Anhieb den Sieg.

Eine echte Leidenschaft

Endlich hatte er etwas gefunden, was er konnte, etwas, bei dem er trotz seines Übergewichts besser war als andere. Auch endlich etwas, auf das auch seine Eltern stolz auf ihn sein konnten. Und so verschrieb sich van Gerwen seinem neuen Hobby vollends, seine weitere Freizeit richtete er komplett auf Darts aus, machte es zur Passion.

Doch der rasche Erfolg an der Scheibe machte den Heranwachsenden

▲ Hochkonzentriert – und doch entspannt beim Wurf: Michael van Gerwen am 20. Februar 2020 im Motorpoint Stadium in Cardiff (Wales)

| Stars |

auch hungrig, geradezu gierig nach Erfolg. Mit gewonnenen Preisgeldern besserte er sein Taschengeld auf, zu seinem 18. Geburtstag schenkte er sich einen VW Golf GTI und bezahlte diesen in bar. Und so ist es bis heute geblieben. Formkrise im Jahr 2020 hin oder her: Van Gerwen ist unbestritten einer der besten aktiven Spieler der Tour. Wer ein hochrangiges Turnier gewinnen will, muss irgendwann an dem kahlköpfigen Niederländer vorbei. Dass »MvG«, eine gängige Kurzform für den Namen des Ausnahmespielers, dabei in den letzten Jahren Triumphe bei den größten Turnieren der PDC-Tour aneinanderreihte, sorgte zunehmend für Unmut bei den Darts-Fans.

Würfe in hoher Taktung

Ein wenig ist van Gerwen es aber auch selbst schuld, dass ihm die Herzen der Fans nicht zufliegen. Auf der Dartsbühne kennt der Rechtshänder kein Lachen. Stoisch spult er sein Spiel herunter und ballt bei wichtigen Treffern gerne ausschweifend und kämpferisch blickend die Hand zur Faust – er feiert sich gern selbst. Sein Spielstil ist aggressiv. Mit hoher Taktung wirft er die Pfeile schnell hintereinander auf die Dartscheibe – zisch, zisch, zisch –, und hält das Spieltempo so hoch. Allein durch diese Spielweise bringt er Gegner schnell aus dem Konzept, die es nicht gewohnt sind, so rasch wieder an der Reihe zu sein. Nicht selten hat ein Gegenspieler seine Pfeile gerade erst aus dem Board gezogen und einen Schritt weg gemacht, da feuert van Gerwen bereits los – im Publikum, wenn der erste Pfeil allzu früh in der Scheibe einschlägt, kommt es schon mal zu einem Raunen. Seinem Spitznamen »Mighty Mike« macht er häufig dann besonders Ehre, wenn es in einem Duell knapp zugeht und er dann hohe Finishes mit Präzision herunterspult.

Auch in Interviews lässt sich der beste Spieler der Welt gerne mal zu belehrenden Aussagen hinreißen. Nach dem gewonnenen WM-Titel gegen Lokalmatador Michael Smith 2019 sagte van Gerwen: »Ich wusste, dass er nervös sein würde und habe das gegen ihn ausgenutzt.« Im gleichen Turnier hatte der Darts-Dominator in der dritten Runde den Deutschen Max Hopp besiegt, um diesem noch mit auf den Weg zu geben, dass er mit dem Talent, das er habe, weiter sein müsse. Legende Eric Bristow nannte van Gerwen einst »furchtlos«, Mervyn King empfindet sein Gebaren als »nicht respektvoll«.

Sein privates Glück hat er unterdessen schon lange gefunden. Seit August 2014 ist er mit seiner langjährigen Freundin Daphne Govers verheiratet. Drei Jahre später wurde die erste gemeinsame Tochter Zoe geboren, am 1. April 2020 folgte Sohn Mike. In seiner Wahlheimat Vlijmen in der niederländischen Provinz Nordbrabant hat sich die Familie samt dreier Hunde niedergelassen. Während der Corona-Pandemie und einem Darts-Turnier in Hannover – die Zuschauer im Stile eines Auto-Kinos »angeordnet« – gab sich van Gerwen allerdings auch sehr nahbar. Mit Elektromobilen fuhren die Stars durch die Auto-Reihen und gaben Autogramme. Für eine gewisse »Katharina« hatte »Mighty Mike« gar eine besondere Überraschung parat. Auf einem 180-Schild, Symbol für 180 Punkte durch drei perfekte Darts während einer Aufnahme, überbrachte van Gerwen höchstpersönlich einen Heiratsantrag: »Katharina, willst du

Info

Name: Michael van Gerwen
Geburtstag: 25. April 1989 in Boxtel, Niederlande
Nickname: Mighty Mike/MvG/ The Green Machine
Darts: 23 g Winmau Darts
Wurfhand: rechts
Einlaufmusik: »Seven Nation Army « (Interpret: The White Stripes)
BDO: von 2003 bis 2007
PDC: seit 2007
Titel: World Matchplay 2015 und 2016, Premier League 2013, 2016, 2017, 2018 und 2019, World Grand Prix 2012, 2014, 2016, 2018 und 2019, Grand Slam 2015, 2016 und 2017, European Darts Championship 2014, 2015, 2016 und 2017, UK Open 2015, 2016 und 2020, The Masters 2015, 2016, 2017, 2018 und 2019, Players Championship Finals 2013, 2015, 2016, 2017, 2019 und 2020, Champions League 2019, World Cup 2014, 2017 und 2018
PDC World Championship: Sieger 2014, 2017 und 2019

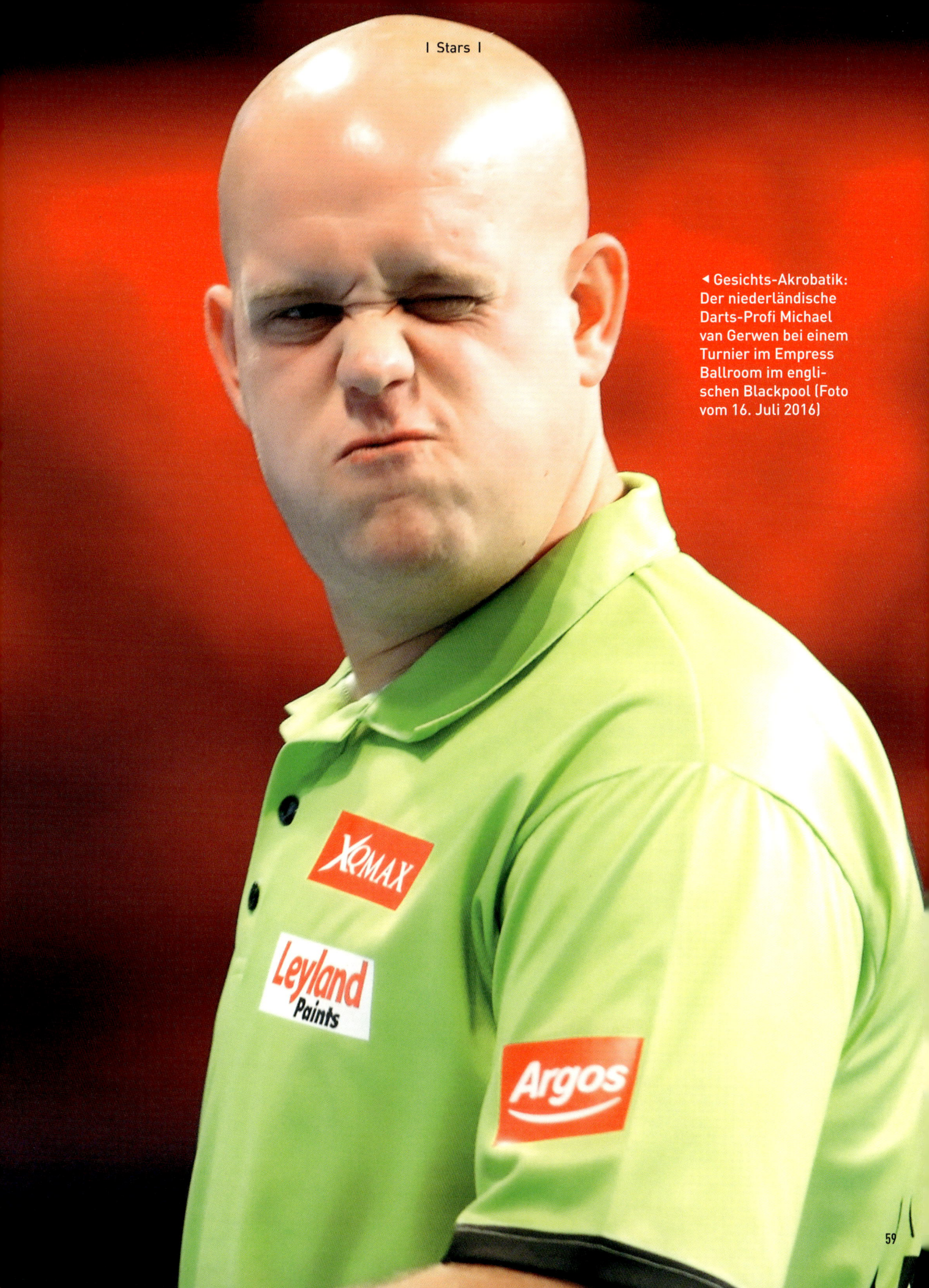

◀ **Gesichts-Akrobatik:** Der niederländische Darts-Profi Michael van Gerwen bei einem Turnier im Empress Ballroom im englischen Blackpool (Foto vom 16. Juli 2016)

| Stars |

> Christian heiraten«, stand dort zu lesen. Ihr Ja-Wort wurde von einem lauten Hup-Konzert begleitet.

Seit 2007 ist van Gerwen auf der PDC-Tour unterwegs und reiht seit 2012 einen Turniersieg an den nächsten. Am 16. Februar 2019 holte er seinen 71. PDC-Turniersieg und löste mit seinem Erfolg bei der Players Championship Rekord-Weltmeister Phil Taylor ab, der insgesamt 70 PDC-Wettbewerbe gewann. Das Privatvermögen, das van Gerwen durch Preisgelder und Werbeverträge angehäuft hat, wird auf mehr als sieben Millionen Euro geschätzt. Seinen großen Durchbruch feierte er bei der PDC-WM 2014. Mit 7:4 schlug er Peter Wright im Finale und wurde so erstmals Weltmeister. 2017 holte er WM-Titel Nummer zwei gegen Gary Anderson und 2019 folgte gegen Smith der dritte Streich.

Sammler von Rekorden

Van Gerwen hält zudem etliche Rekorde. Bereits 2005, im Alter von 16 Jahren, gewann er als jüngster Spieler aller Zeiten die Norway Open und damit ein BDO-Profiturnier. Mit 17 Jahren und 298 Tagen warf er bei den PDC-Masters einen im Fernsehen übertragenen Neundarter – ebenfalls als historisch jüngster Spieler. Auch hielt van Gerwen lange den Weltrekord für die höchste Durchschnittspunktzahl innerhalb eines Matches.

Zwar scheiterte der Niederländer bei der Darts-WM 2021 gegen Dave Chisnall krachend mit 0:5, so früh wie fünf Jahre lang nicht mehr und büßte den Status als Nummer eins ein. Doch es scheint nicht so, als ob van Gerwen so schnell dauerhaft aus der absoluten Weltspitze verdrängt werden kann. Van Gerwen sagte einmal: »Ich will hunderte Pokale gewinnen« – und es sieht ganz danach aus, dass er es schaffen wird. ◉

▶ Hat er wirklich mal so ausgesehen? Ja, die Menschen ändern sich eben! Dieser Schnappschuss von Michael van Gerwen stammt vom 7. Januar 2007

| Stars |

| Stars |

NATHAN ASPINALL
Ein Penny für den Durchbruch

Info

Name: Nathan Aspinall
Geburtstag: 15. Juli 1991 in Stockport, England
Nickname: The Asp
Darts: 27 g Target Darts
Wurfhand: rechts
Einlaufmusik: »Mr. Brightside« (Interpret: The Killers)
BDO: 2013
PDC: seit 2012
Titel: UK Open 2019, PDC Home Tour 2020
PDC World Championship: Halbfinale 2019 und 2020

◄ Sehr jung, sehr erfolgreich: Nathan Aspinall

2018 stand Nathan Aspinall am Scheideweg. Seine Ausbildung zum Buchhalter hatte er abgebrochen, um sich ganz auf Darts zu konzentrieren. Doch nach einer erfolglosen Saison war der Vater zweier Töchter fast pleite.

Ich hatte 21,98 Pfund auf der Bank und wollte einen Geldautomaten in einem Hotel benutzen. Bei diesem Automaten wurden exakt 1,99 Pfund für eine Bargeldabhebung berechnet. Ein Kumpel hat dann einen Penny auf mein Konto überwiesen, damit ich 20 Pfund abheben konnte«, erzählte Aspinall 2019 britischen Medien. Diese 20 Pfund nutzte er als Startgebühr für ein Turnier, bei dem er dann 10.000 Pfund Preisgeld gewann. Ein Jahr später gehörte Aspinall bereits zu den besten Spielern der Welt und holte seinen ersten PDC-Major-Titel. Im Finale der UK Open 2019 checkte er gegen den früheren Weltmeister Rob Cross ein Finish von 170 Punkten aus. Triple 20, Triple 20, Bullseye. Zweimal in Folge erreichte er zudem das Halbfinale der PDC-Weltmeisterschaft, unterlag dort 2019 Michael Smith und 2020 Michael van Gerwen jeweils mit 3:6 – und zählt so zu den aussichtsreichsten Anwärtern auf den großen Triumph bei den nächsten Austragungen. In seiner Kindheit galt Aspinall als großes Fußball-Talent. Ab seinem 8. Lebensjahr genoss er eine Torhüter-Ausbildung in der Akademie von Manchester United, ehe er mit 15 Jahren aussortiert wurde. Überhaupt ist Aspinall ein sportliches Multitalent, spielt Golf (einstelliges Handicap) und Tennis. Seine Berufung hat er allerdings im Darts gefunden, wo er sich für 2020 mit der Qualifikation für die Premier League einen Lebenstraum erfüllte – und diese mit einer Finalteilnahme sogar fast gewann. Doch am Ziel ist »The Asp« noch lange nicht: Eines Tages will er die Nummer eins der Welt werden.

| Stars |

JAMES WADE
Irre Schwankungen. Top-Erfolge

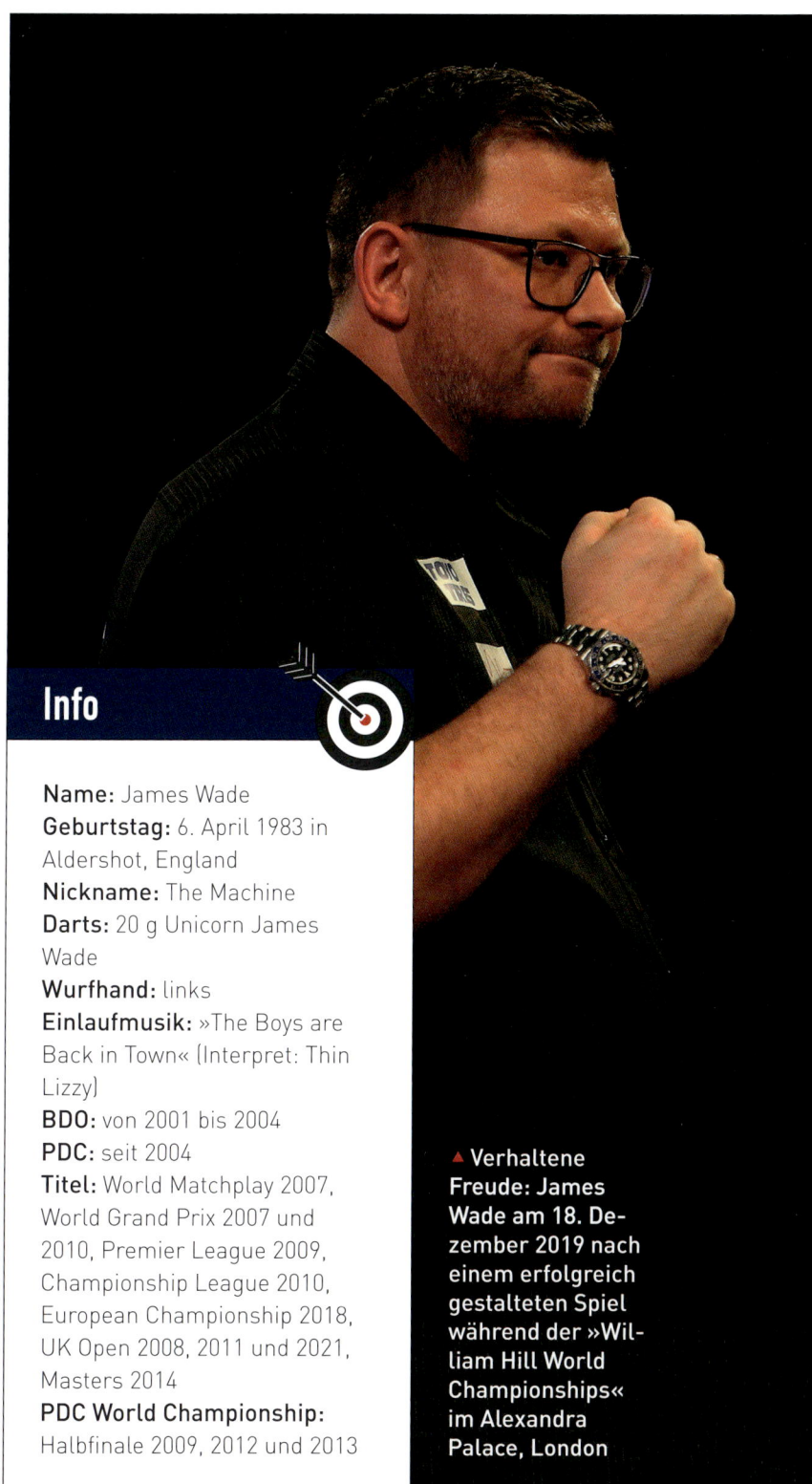

Info

Name: James Wade
Geburtstag: 6. April 1983 in Aldershot, England
Nickname: The Machine
Darts: 20 g Unicorn James Wade
Wurfhand: links
Einlaufmusik: »The Boys are Back in Town« (Interpret: Thin Lizzy)
BDO: von 2001 bis 2004
PDC: seit 2004
Titel: World Matchplay 2007, World Grand Prix 2007 und 2010, Premier League 2009, Championship League 2010, European Championship 2018, UK Open 2008, 2011 und 2021, Masters 2014
PDC World Championship: Halbfinale 2009, 2012 und 2013

▲ Verhaltene Freude: James Wade am 18. Dezember 2019 nach einem erfolgreich gestalteten Spiel während der »William Hill World Championships« im Alexandra Palace, London

Verweigerte Handshakes, aggressive Jubelarien, Wutausbrüche, abwertende Aussagen in Interviews – das Verhalten von James Wade auf und neben der Darts-Bühne ist nicht immer besonders sportlich.

Das liegt auch daran, dass der Engländer an einer bipolaren Störung leidet, eine psychische Krankheit, die zu großen Stimmungsschwankungen führt und über die er erstmals 2011 öffentlich sprach. Zu diesem Zeitpunkt hatte Wade, der einzige Linkshänder unter den Top-Spielern der letzten Jahre, bereits sieben Turniersiege auf der PDC-Tour gefeiert, darunter zweimal die UK Open gewonnen.

Erstmals blitzte sein Talent an den Pfeilen 1997 auf. Bei seinem ersten Junioren-Turnier, den Basingstoke Open, trug der 14 Jahre alte Wade gleich den Sieg davon. Mit dem Erreichen der Volljährigkeit spielte Wade zunächst einige Turniere der British Darts Organisation, ehe er 2004 zur PDC wechselte.

Nachdem er 2006 die Qualifikation zur Las Vegas Desert Classic verpasst hatte, gab Wade seinen Job als Mechaniker auf, um sich vollends auf eine Karriere als Darts-Profi zu konzentrieren. Mit umgehendem Erfolg noch in der gleichen Saison: Als erstem Spieler überhaupt gelangen ihm drei Neundarter in nur einem Kalenderjahr.

Mit insgesamt neun Major-Titeln ist Wade gemeinsam mit Raymond van Barneveld der dritterfolgreichste Spieler der PDC-Tour-Geschichte – seinen letzten großen Triumph feierte er beim European Championship 2018 in der Dortmunder Westfalenhalle gegen Simon Whitlock. Verheiratet ist Wade seit August 2015 mit dem früheren Walk-On-Girl Sammi Marsh, die heute als seine Managerin agiert und ihm im Oktober 2018 Sohn Arthur schenkte. ◎

PETER WRIGHT
Der lange Weg zum Ruhm

Zwei Stunden sitzt Peter Wright vor jedem Darts-Match auf einem Stuhl und lässt sich von seiner Ehefrau Joanne, einer gelernten Friseurin, die Haare stylen. Farbenfroh entsteht auf dem Haupt des PDC-Weltmeisters von 2020 eine Irokesenfrisur, flankiert von einem Schlangenkopf und anderen bunten Bildern auf den Seiten.

Häufig stammen die Ideen und Vorlagen dafür von seiner Tochter. Nicht umsonst lautet der Name des Schotten »Snakebite«. Zu seiner auffälligen Frisur trägt Wright auch stets ein buntes Outfit, welches er von Match zu Match ändert. Sein extravagantes Äußeres macht Wright zum markantesten Gesicht der PDC-Tour und bei den Zuschauern äußerst beliebt.

Eine Liebe, die nur die wenigsten seiner Gegner teilen. Schon beim Einlauf in die Arena lässt sich Wright im Publikum feiern, hüpft und tanzt zu seiner aus den Boxen klingenden Musik und bahnt sich so seinen Weg zur Bühne. Die meisten seiner Gegner sind eher genervt und empfinden das extrovertierte Verhalten als respektlos. Wright selbst sieht seine Aufgabe auf der Darts-Bühne in der Unterhaltung des Publikums. Es ist nicht davon auszugehen, dass Wright je noch einmal weniger bunt seine Pfeile in Richtung Darts-Scheibe bugsieren wird.

Sein Auftreten scheint aber auch ein Ventil zu sein. Nicht umsonst vergleicht er sich auch gerne mit seinem Spitznamen. »Ich mag halt Schlangen. Ich bin ein bisschen wie eine Schlange – ich bin eine ruhige Person, die gerne allein gelassen wird. Wenn du mich aber stupst, beiße ich zu«, sagte Wright in einem Interview nach dem Gewinn des WM-Titels an Neujahr 2020 gegen den Niederländer Michael van Gerwen.

Privat lebt Wright eher zurückgezogen, bewohnt mit seiner Joanne einen Bauernhof in Mendham in der Grafschaft Suffolk. Geboren wurde Wright im Frühjahr 1970 im schottischen Livingsten. Seinen Vater lernte er nie kennen und mit seiner Mutter lebte er in ärmlichen Verhältnissen. Als der junge Peter fünf Jahre alt war, zog seine Mutter mit ihm nach London. Sie hatte schlichtweg Angst, dass ihre Familie dafür sorgen könnte, dass ihr ihr Sohn weggenommen werden würde. Mit 13 Jahren bekam der Sprössling seine ersten Dartpfeile geschenkt, doch für eine Dartscheibe reichte das Geld nicht – da malte der Heranwachsende Zielscheiben auf Bäume und Bretter.

Nervosität verhindert Durchbruch

1995 wagte Wright dann die Teilnahme an der BDO-Weltmeisterschaft. Mit einem geradezu ordentlichen Haarschnitt und komplett in Schwarz gekleidet verlor er aber sein Auftaktspiel gegen Richie Burnett, der das Turnier am Ende gewinnen sollte. Nach dieser Niederlage entschied sich Wright gegen eine Darts-Karriere, spielte ausschließlich hin und wieder bei einigen lokalen Amateur-Wettbewerben in verschiedenen Städten mit. Schon fast heimatlos zog Wright umher und verdiente seinen Lebensunterhalt mit Gelegenheitsjobs. Er baute Fenster ein, schleppte schwere Betonteile, half auf Baustellen. »Ich lebte nach Abzug der Steuern von 14 Pfund pro Woche«, sagte Wright einmal englischen Medien.

2004 versuchte sich Wright dann nochmal im Darts. Er schloss sich der PDC an und spielte 2005 bei den

| Stars |

◂ Der Schotte Peter Wright, hier auf einer Aufnahme vom Frühjahr 2020, gilt innerhalb der Darts-Szene als Mann mit eisernen Nerven. Ohne diese Coolness hätte er den Aufstieg zum Superstar kaum absolvieren können: Die Zeit bis zum endgültigen Durchbruch war geprägt von vielen Anläufen – und zahlreichen Rückschlägen

| Stars |

▶ Ein Moment der Ruhe, ein paar Sekunden der Konzentration vor dem nächsten Match: Peter Wright am 17. August 2019 in der Arena in Melbourne, Australien

UK Open sein erstes Major-Turnier, bei dem er die dritte Runde erreichte. Doch nachhaltig war sein zweiter Versuch auf der Darts-Bühne nicht, da er auch nur an wenigen Turnieren teilnahm und so nicht wirklich Fuß fasste. Zudem litt Wright an großer Nervosität, wenn er spielte. Zeitweise nahm er Kontakt zu einem Hypnotiseur auf, um sich therapieren zu lassen, legte aber erneut eine Darts-Pause ein.

Schrill statt schüchtern

2007 sah er den Grand Slam of Darts im Fernsehen und kam zu dem Schluss, dass er noch nicht fertig sei. Erneut kehrte er zurück in den Darts-Zirkus, überstand hier und da mal die ersten beiden Runden, schaffte den großen Durchbruch allerdings weiterhin nicht. Immerhin nahm er 2012 an allen 33 ProTour-Turnieren der PDC teil und belegte am Jahresende Rang 17 der Weltrangliste. Gleichzeitig wurde sein Outfit bunter, zunächst noch vorsichtig, dann immer schriller. Wright wandelte sich, immer seltener stand er als der schüchterne und verletzliche »Peter Wright« auf der Bühne, immer häufiger warf der furchtlose »Snakebite« die Pfeile – und das mit zunehmenden Erfolg.

Für Aufsehen sorgte Wright 2014 bei der PDC-WM. Nachdem er sich unter anderem gegen Michael Smith und Simon Whitlock durchgesetzt hatte, stand er im Finale gegen Michael van Gerwen, Zwar konnte er den an Nummer zwei gesetzten Niederländer nicht auf dessen Weg zum ersten WM-Titel aufhalten und verlor mit 4:7 Sätzen, doch Wright hatte seine Duftmarke in der Weltspitze gesetzt. Dennoch musste er noch bis 2017 warten, ehe er die UK Open, sein erstes Major-Turnier, mit 11:6 gegen Gerwyn Price gewann. Zuvor hatte er im gleichen Jahr bei der World Series of Darts in Düsseldorf die German Darts Masters gegen Rekord-Weltmeister Phil Taylor gewonnen.

Obwohl Wright in den Folgejahren 2018 und 2019 zunächst nicht an seine Leistungen und Erfolge von 2017 anknüpfen konnte, stellte er im Oktober 2019 einen Weltrekord auf. Bei der PDC Players Championship besiegte er den Polen Krzysztof Ratajski im Viertelfinale nicht nur mit 6:0 – mit einem Durchschnitt von 123,5 Punkten pro Aufnahme stellte er auch einen Weltrekord für die höchste Durchschnittspunktzahl je drei Pfeile über ein gesamtes Match vor Live-TV-Kameras auf. Den alten Rekord hatte van Gerwen mit 123,4 Punkten seit 2016 gehalten.

Dass es an Neujahr 2020 bei der PDC-Weltmeisterschaft zu einem erneuten Duell mit van Gerwen und damit zu einer Revanche von 2014 kommen sollte, war dann kein gutes Omen. Die letzten sieben Duelle gegeneinander waren zuvor allesamt an van Gerwen gegangen. Doch diesmal lief es anders. Beide Finalisten spielten auf Top-Niveau, erreichten beide einen Average von mehr als 100 Punkten und Wright schien häufig das bessere Ende für sich zu haben.

Beim Stand von 6:3 Sätzen hatte Wright dann auch drei Darts zum Matchgewinn – doch die ersten beiden Pfeile verfehlten das Ziel. Wright atmete noch einmal tief durch, bewegte sich leicht nach links, um dann den letzten Pfeil in der Doppel-10 zu versenken.

Endlich Weltmeister

In diesem Moment war Wright, war »Snakebite«, unter Freudentränen ganz oben in der Welt des Darts-Sports angekommen. Das machte ihn nicht nur 500.000 Pfund reicher, es war auch das Hoch einer langen Reise durch das Leben eines Mannes, der sich von ganz unten und trotz vieler Rückschläge bis zum Darts-Olymp durchgekämpft hatte. »Es spielt keine Rolle, wie oft man geschlagen wird. Früher wurde ich immer geschlagen, aber jetzt habe ich es geschafft«, sagte Wright nach dem größten Sieg seiner Karriere. ◉

Info

Name: Peter Wright
Geburtstag: 10. März 1970 in Livingston, West Lothian, Schottland
Nickname: Snakebite
Darts: 22 g Red Dragon Snakebite WC 2020
Wurfhand: rechts
Einlaufmusik: »Don't Stop the Party« (Interpret: Pitbull)
BDO: 1995
PDC: 2004 bis 2005, seit 2008
Titel: UK Open 2017, The Masters 2020, European Championship 2020
PDC World Championship: Sieger 2020

| Stars |

PAUL LIM
Der älteste WM-Teilnehmer

Paul Lim kann es noch – immer noch! In einem Alter, in dem die meisten Darts-Spieler längst den wohlverdienten Ruhestand genießen, ist Lim bei der WM 2021 im Duell der Generationen gegen Luke Humphries mal so eben in die zweite Runde eingezogen. Als ältester WM-Teilnehmer der Darts-Geschichte. Wie sang schon Udo Jürgens? Mit 66 ist noch lange nicht Schluss!

Nein, Lim gehört nicht zu den erfolgreichsten Spielern der Welt. Und dennoch ist der in Singapur geborene Rechtshänder aus dem Darts-Zirkus nicht wegzudenken. 1981 gab Lim unter der Flagge Papua-Neuguineas sein Debüt in der BDO. Sein Herkunftsland Singapur gehörte damals schlichtweg noch nicht dem Welt-Dachverband WDF (World Darts Federation) an. Seine beste Platzierung bei einer WM erreichte er 1990, als er beim BDO-Event das Viertelfinale erreichte. Nach seinem Wechsel 1994 zur PDC schaffte er es 2001 noch einmal in das Achtelfinale einer Weltmeisterschaft (PDC), blieb aber über die längste Zeit seiner Karriere ohne nennenswerte Erfolge an der Steeldartscheibe. Nicht selten war bei WM-Turnieren schon nach dem Auftaktmatch Schluss. Erfolgreicher war er bei den weniger beachteten Softdarts an der elektronischen Dartscheibe mit sieben Turniersiegen inklusive dem WM-Titel 2011. Einmal aber hatte Lim auch seine sportliche Sternstunde auf großer Bühne. Bei der BDO-Weltmeisterschaft 1990 warf er, für die USA antretend, gegen den Iren Jack McKenna den ersten Neundarter der WM-Geschichte – es sollte der einzige Neundarter der BDO-WM-Historie bleiben. Vor Lim hatte nur John Lowe 1984 einen Neundarter – live vom TV ausgestrahlt – erzielt.

Info

Name: Paul Lim Leong Hwa
Geburtstag: 25. Januar 1954 in Singapur
Nickname: The Singapore Slinger
Darts: 27 g Target Paul Lim
Wurfhand: rechts
Einlaufmusik: »Walk of Life« (Interpret: Dire Straits)
BDO: 1981 bis 1994
PDC: seit 1994
Titel: Softdarts-Weltmeister 2011
PDC World Championship: Achtelfinale 2001

▶ Paul Lim am 14. Dezember 2019, dem zweiten Tag der Darts-WM 2020, im Londoner Alexandra Palace

| Stars |

SIMON WHITLOCK
Unvollendeter Magier

»Jedes Mal, wenn ich meine Haare neu flechten lasse, dauert das ungefähr neun Stunden. Ich mache es alle paar Monate.

▶ Bei den Fans sehr beliebt, der Spitzname »Wizard« (übersetzt: Zauberer, Hexenmeister) seinem Aussehen geschuldet: Simon Whitlock

Der Bart, ja, ich benutze einen Haarglätter, bevor ich das Haus verlasse«, gab Whitlock vor einiger Zeit britischen Medien zu Protokoll. Es mag auch an seiner Optik liegen, dass der Mann aus »Down Under«, Whitlock wurde in New South Wales in Australien geboren, zu den beim Publikum beliebtesten Spielern des Darts-Zirkus gehört. Sein Spitzname, »The Wizard«, steht jedenfalls in enger Verbindung zu seinem Aussehen. Erst nach seinem Finaleinzug bei der PDC-WM 2010 und dem Gewinn von 100.000 Pfund Preisgeld hatte Whitlock die finanziellen Mittel, um nach Großbritannien umzuziehen und dauerhaft professionell Darts zu spielen. Das Finale hatte er gegen Phil Taylor verloren, sein zweites siegloses WM-Finale nach der Niederlage gegen Mark Webster im BDO-Endspiel von 2008. Whitlock, der tropische Fische sammelt, ist damit der einzige Spieler, der in den WM-Endspielen beider großen Verbände stand, aber auf seinen ersten WM-Titel noch warten muss.

Magisch war sein Spiel vor allem 2010 während der 14 Wochen der Premier League. In dieser Phase traf Whitlock mit einer Erfolgsrate von 50 Prozent die notwendigen Doubles, um Legs für sich zu entscheiden. Schon fast tragisch, dass das Verfehlen von Doubles ihm im späteren Karriereverlauf häufiger zum Verhängnis wurde. So traf er nur 13 Prozent seiner Doubles 2012 im Halbfinale der Players Championship gegen Phil Taylor und nur 17 Prozent bei der WM 2015 in der ersten Runde gegen Darren Webster. Der Fußball-Fan des FC Portsmouth hat insgesamt drei Söhne aus zwei früheren Ehen.

Info

Name: Simon Whitlock
Geburtstag: 3. März 1969 in Cessnock, Australien
Nickname: The Wizard
Darts: 22 g Winmau Wizard
Wurfhand: rechts
Einlaufmusik: »Down Under« (Interpret: Men at Work)
BDO: 1984 bis 2002 und 2004 bis 2009
PDC: 2002 bis 2004 und seit 2009
Titel: European Championship 2012
PDC World Championship: Finale 2010

Stehaufmännchen mit Durchblick

Manchmal ist Papa etwas uncool. Da hat der kleine Tai mit Vater Gary Anderson tagtäglich einen der besten Dartsspieler am eigenen Frühstückstisch sitzen, und dennoch schlägt sein Herz für den Rivalen Michael van Gerwen. Mit einem Entzug des Taschengeldes muss Tai deswegen aber nicht rechnen. Denn »The Flying Scotsman« weiß genau, dass er seine größten Erfolge auch seinem Filius zu verdanken hat.

▲ Nachdem Gary Anderson am 23. Dezember 2016 bei der William Hill PDC World Darts Championship sein Match gegen Andrew Gilding gewonnen hat, wirft er – natürlich ganz vorsichtig – seine Pfeile ins Publikum

Info

Name: Gary Anderson
Geburtstag: 22. Dezember 1970 in Musselburgh, Schottland
Nickname: The Flying Scotsman
Darts: 23 g Unicorn
Wurfhand: rechts
Einlaufmusik: »Jump Around« (Interpret: House of Pain), eingeleitet von: »Won't Get Fooled Again« (Interpret: The Who)
BDO: von 2000 bis 2009
PDC: seit 2009
Titel: Premier League 2011 und 2015, Players Championship Finals 2014, World Matchplay 2018, UK Open 2018, Champions League 2018, World Cup 2019 (mit Peter Wright)
PDC World Championship: Sieger 2015 und 2016

| Stars |

Kurz vor dem Gewinn der Weltmeisterschaften 2015 und 2016 deutete nichts auf einen Triumphzug hin. Andersons Karriere lag in Scherben. Im Herbst 2011, rund ein Dreivierteljahr nach der Niederlage in seinem ersten WM-Finale war sein Bruder im Alter von nur 35 Jahren unerwartet an einem Herzinfarkt gestorben, nur wenige Monate später verstarb sein Vater. In die Lebenskrise des Schotten fiel auch die Trennung von Ehefrau Rosemary, mit der er zwei Söhne hat. Hinzu kamen Zahnschmerzen und Augenprobleme. Naturtalent Anderson, der nie übermäßig viel trainiert und angeblich bereits mit seinen ersten ernsthaften Würfen auf die Dartscheibe bemerkenswerte Punktzahlen erzielt haben soll, hatte keine Lust mehr auf Darts. »Die Leute haben über meine Würfe geredet, und mir war das alles völlig egal«, sagte der Familienmensch rückblickend.

Doch mit seiner neuen Partnerin Rachel und der Geburt seines dritten Sohnes Tai im April 2014 – im Herbst 2017 kam schließlich auch Töchterchen Cheylea River zur Welt – kehrte die Motivation zurück. Anderson ließ sich Tais Namen auf die Wurfhand tätowieren, und die Darts fanden wieder ihr Ziel. Das packende WM-Finale 2015 gegen Phil Taylor (7:6) gilt bis heute als eines der besten Darts-Matches der Geschichte, nachdem er in der Runde zuvor auch Titelverteidiger van Gerwen (6:3) ausgeschaltet hatte. Ein Jahr später bot er im WM-Halbfinale gegen den Niederländer Jelle Klaasen (6:0) eine Darts-Demonstration, Neundarter inklusive, bevor im Endspiel die Revanche für 2011 gegen Adrian Lewis gelang (7:5).

Darts-Alternative: Das Angeln

Der Weg in den Darts-Olymp führte für Anderson, der vor seiner Laufbahn Roste für Kamine und Feuerplätze herstellte, wie bei vielen anderen Spielern auch über die BDO. Noch unter dem Spitznamen »Dreamboy« erreichte er im Jahr 2001 schon bei seiner zweiten Turnierteilnahme das Finale und gewann. Größere Erfolge ließen aber länger auf sich warten – erst recht bei Weltmeisterschaften. Nach seinem Scheitern bei der BDO WM 2009 warf er seine Pfeile in einen See und wechselte zur PDC.

Schon da zeigte Anderson seine Qualitäten als Stehaufmännchen, denn er fand sich prompt zurecht. Bei den UK Open 2010 erreichte er sein erstes Finale bei einem Majorturnier, der Gewinn der Premier League 2011 war mehr als ein Trost für das zuvor verlorene WM-Endspiel. In den Folgejahren sollten für Anderson viele weitere wichtige Titel hinzukommen, seit 2016 verrichtet er sein Tagewerk mit Brille. In der ewigen Rangliste der Turniersiege in der PDC steht der passionierte Kaffeetrinker – an manchen Tagen konsumiert Anderson nach eigenen Angaben weit mehr als zehn Tassen – auf Rang drei hinter van Gerwen und Taylor.

Immer wieder kokettiert Anderson, der in den Jahren 2019 und 2020 wegen chronischer Rückenschmerzen kürzer trat und Konstanz vermissen ließ, mit einem baldigen Rücktritt. »Vor einigen Jahren hätte ich noch gesagt, dass meine beiden größten Fänge die beiden WM-Titel waren. Aber jetzt nicht mehr. Ich will lieber angeln gehen – weniger Stress«, meinte Anderson einmal. Bei seiner Finalteilnahme bei der vergangenen WM war von derlei Gedankenspielen aber plötzlich nichts mehr zu hören. Sollte er seinen Worten doch einmal Taten folgen lassen, stünde möglicherweise der Darts-Nachwuchs im eigenen Hause schon bereit, denn seit seinem 13. Lebensmonat hat Söhnchen Tai nun schon selbst Pfeile in der Hand. ©

| Stars |

STEPHEN BUNTING
Darts, Karaoke, ein »Privatzoo«

Info

Name: Stephen Bunting
Geburtstag: 9. April 1985 in Liverpool, England
Nickname: The Bullett
Darts: 12 g Target Bullett Darts
Wurfhand: rechts
Einlaufmusik: »Titanium« (Interpret: David Guetta)
BDO: von 2002 bis 2014
PDC: seit 2014
Titel: BDO-Weltmeister 2014, BDO World Masters 2012 und 2013, BDO Finder Masters 2012
PDC World Championship: Halbfinale 2021

◀ Da freut sich aber einer: Stephen Bunting präsentiert am 12. Januar 2014 in Frimley Green, England nach einem 6:4-Erfolg gegen Alan Norris ganz stolz den soeben gewonnenen WM-Pokal

Stephen Bunting besitzt Humor. Dies stellte er gleich zu Beginn seiner Karriere mit seiner Einlaufmusik unter Beweis.

Surfin' Bird« erklang durch die Sound-Boxen der Darts-Hallen – eine humorvolle Anspielung auf Trickserien-Figur Peter Griffin aus »Family Guy«, dessen Lieblingssong es ist. Bunting und Griffin wird eine gewichtige Ähnlichkeit optischer Natur nachgesagt. Auch wenn »The Bullett«, so lautet Buntings Spitzname, mittlerweile zum Song »Titanium« von David Guetta die Arenen betritt, ist er weiterhin bei den Fans beliebt. Bereits 2001 feierte Bunting erste größere Erfolge. Der damals 16-Jährige gewann die British Teenage Open und das World Youth Masters, bereits ab 2002 nahm der junge Engländer regelmäßig an Turnieren der BDO-Serie teil. In der British Darts Organisation errang Bunting, dessen Pfeile mit nur zwölf Gramm die leichtesten auf der Tour sind, auch seine größten Erfolge. »I love you too«, flüsterte der eher schüchterne Darts-Profi 2014. Soeben hatte er die BDO-Weltmeisterschaft gewonnen, seinen sportlichen Höhepunkt erreicht. In der Menge der feiernden Fans war sein Vater, der seit der Jugend seines Sohnes bei jedem Turnier dabei war und ihn stets unterstützt hatte. Neben dem WM-Titel 2014 gewann Bunting drei weitere Major-Turniere der BDO, ehe er sich der größeren PDC anschloss, wo er allerdings auf seinen großen Durchbruch noch wartet. Nach einem Abwärtstrend in den vergangenen Jahren hat der Fan des FC Liverpool aber mit dem Erreichen des WM-Halbfinals 2021 möglicherweise die Wende zum Besseren eingeleitet. Sein privates Familienglück hat Bunting bereits 2012 gefunden – er ist stolzer Vater von Sprössling Toby. Außerdem bietet der leidenschaftliche Karaoke-Sänger mehreren Hunden, Kanarienvögeln, Hühnern und Fischen ein Zuhause. ◉

| Stars |

VINCENT VAN DER VOORT
Schnell zerstörerisch

Durch seinen Spielstil macht Vincent van der Voort seinem Spitznamen »The Dutch Destroyer« (der holländische Zerstörer) alle Ehre. Der Niederländer gilt als einer der schnellsten Spieler des Darts-Zirkus.

Zudem hat er den wohl unruhigsten Wurf der Szene, wippt regelrecht mit der gesamten Hand vor und zurück, ehe er das Wurfgerät loslässt.

Manchmal aber übertreibt er auch. Beim World Matchplay im Juli 2020 führte der Familienvater mit 12:9 gegen Glen Durrant und warf, nachdem er das falsche Feld getroffen hatte, seinen letzten Pfeil unterhalb der Brusthöhe mit der Rückhand auf die Scheibe. Schiedsrichter Kirk Bevins annullierte das Ergebnis des dritten Pfeiles wegen regelwidriger Wurftechnik, was van der Voort so aus der Fassung brachte, dass er das Spiel gegen Durrant verlor und noch lange nach dem Duell die Schuld beim Schiedsrichter suchte.

Höchst motivierende Niederlage

Mit neun Jahren warf Vincent erstmals auf eine Dartscheibe, gewann mit 15 Jahren sein erstes Nachwuchs-Turnier und feierte im Erwachsenenalter kleinere Turniersiege auf der BDO-Tour. 2007, gleich in seinem Premierenjahr in der PDC, erreichte van der Voort das Finale der UK Open, seine bis heute beste PDC-Turnierplatzierung. Seit Jahren leidet van der Voort an starken Rückenschmerzen, mit ein Grund dafür, dass der ganz große Durchbruch bisher ausblieb, und er fasste schon mehrfach sein Karriereende ins Auge. Wenig zerstörerisch ging der »Dutch Destroyer« 2009 beim Grand Slam of Darts vor. Als erst zweiter Mann der TV-Darts-Geschichte verlor er ein Match gegen eine Frau, Anastasia Dobromyslova. Eine Niederlage, die ihn motivierte, denn nur zwei Tage später fegte er in zerstörerischer Manier Superstar Phil Taylor mit 5:1 von der Bühne. ◎

Info

Name: Vincent van der Voort
Geburtstag: 18. Dezember 1975 in Purmerend, Niederlande
Nickname: The Dutch Destroyer
Darts: 23 g Winmau
Wurfhand: rechts
Einlaufmusik: »Give it up« (Interpret: K.C. and the Sunshine Band)
BDO: 2001 bis 2007
PDC: Seit 2007
Titel: /
PDC World Championship: Viertelfinale 2011 und 2015

▶ Der Niederländer Vincent van der Voort während der »Kings-of-Darts«-Veranstaltung am 26. Januar 2020 in seinem Heimatland in Enschede

| Stars |

▶ Raymond van Barneveld Mitte Dezember 2019 während seines Spiels gegen Darin Young bei den William Hill World Championships im Alexandra Palace, London

Info

Name: Raymond van Barneveld
Geburtstag: 20. April 1967 in Den Haag, Niederlande
Nicknames: Barney, The Dutch Master, The Man
Darts: 22 g Target RvB 95 Steeldarts
Wurfhand: rechts
Einlaufmusik: »Eye of the Tiger« (Interpret: Survivor)
BDO: 1987 bis 2006
PDC: 2006 bis 2019, seit 2021
Titel: Grand Slam 2012, Premier League 2014, UK Open 2006 und 2007, World Cup 2010, 2014, 2017 und 2018, Desert Classic 2007, BDO-Weltmeister 1998, 1999, 2003 und 2005, BDO World Masters 2001 und 2005, BDO World Darts Trophy 2003 und 2004, BDO International Darts League 2003, 2004, 2006, BDO Finder Masters 1995, 2001, 2003 und 2004
PDC World Championship: Sieger 2007

RAYMOND VAN BARNEVELD
Der (viel)fliegende Holländer

»Wir machen es wieder! Ich vermisse es immens und werde mein Bestes geben, um meine Tour-Karte so schnell wie möglich zu bekommen, damit ich in Zukunft wieder auf den großen Bühnen auftreten kann«, schrieb Raymond van Barneveld am 23. September 2020 auf seinem Instagram-Account und kündigte damit sein Comeback auf der großen Darts-Bühne an.

Van Barneveld gehört nicht nur zu den erfolgreichsten Spielern der Darts-Geschichte, mit seinem sympathischen Auftreten flog ihm auch stets die Liebe des Publikums zu. Seine Fan-Schar trägt den Namen »Barney Army« und gehört zu den treuesten des Darts-Zirkus.

Trotzdem konnte auch die »Barney Army« nicht verhindern, dass ihr großes Idol im März 2019 die Brocken hinwarf. Bei der Premier League hatte er zuvor nur eins von acht Duellen, ausgerechnet gegen den Deutschen Max Hopp, gewonnen und dann seinen Entschluss gefasst. Unter Tränen war er zu seinem letzten Match in die Halle einmarschiert, hatte seine Goldkette abgenommen und seinem drei Jahre alten Enkelsohn im Publikum umgehängt.

Auf der Bühne in Rotterdam holte sich der damals 51-Jährige dann eine niederschmetternde 1:7-Niederlage gegen seinen Landsmann Michael van Gerwen ab. Dann machte er seinen Rücktritt offiziell, sprach von »jahrelangen Schmerzen« und »privaten Problemen«, womit er wohl seine Ehe zu Silvia, mit der er drei Kinder hat, meinte, die nach 24 Jahren geschieden wurde. Das war's dann also, dachten alle.

Geboren wurde van Barneveld im April 1967 im niederländischen Den Haag, wo er auch heute noch wohnhaft und treuer Anhänger des Fußballvereins ADO Den Haag ist. Seine ersten spürbaren Schritte in der Darts-Welt machte er mit 17 Jahren und dem Gewinn der Rotterdam Open. Ab 1987 trat er bei Turnieren der BDO an, musste aber bis 1994 warten, ehe er mit den Finder Masters sein erstes Major-Turnier gewann. Doch in der Folge avancierte der Linkshänder, der die Pfeile aber mit rechts in Richtung des Boards wirft, zu einem der besten Spieler der Welt, löste in den Niederlanden einen Darts-Boom aus und gewann bis 2005 insgesamt vier Weltmeisterschaften im Rahmen der BDO.

2006 wechselte van Barneveld zur PDC und gewann 2007 seinen verbandsübergreifend fünften WM-Titel. Im Finale, beim mitreißenden 7:6 über Phil Taylor, checkte er 170 Punkte aus, im Turnierverlauf warf er insgesamt 51-mal die 180 Punkte – keiner schaffte mehr. Lediglich sein Gegner Taylor sowie Legende Eric Bristow haben wie »Barney« ebenfalls mindestens fünf WM-Titel gesammelt. In den folgenden Jahren sammelte van Barneveld weitere Turniersiege und etablierte sich über eine ganze Dekade in der Darts-Spitze. Am 19. November 2018 erklärte »The Dutch Master« dann erstmals, dass er nach der PDC-WM 2020 seine Karriere beenden wolle.

Ehe gescheitert, Enkelkind da

Nach der enttäuschenden Premier League 2019 zog er diese Entscheidung aber vor – und dann doch wieder zurück. Bei der WM zum Jahresende werde er noch ein letztes Mal antreten. Van Barneveld war einfach müde. Seine 2009 diagnostizierte Diabetes machte ihm körperlich immer mehr zu schaffen, er hatte mehrere Freunde verloren, konnte aber bei keiner Beerdigung dabei sein, da er immer irgendwo in einem Flugzeug saß. Außerdem wollte er mehr Zeit für seine Familie, insbesondere sein Enkelkind, seine Ehe war ja frisch gescheitert.

Die Weltmeisterschaft 2020 war für van Barneveld dann bereits in der ersten Runde beendet. Der US-Amerikaner Darin Young hatte den Altmeister mit 3:1 von der Bühne gejagt, ein unrühmliches Karriereende, das sich »The Man«, so ein weiterer Spitzname van Barnevelds, »nie verzeihen würde«, wie er sagte. Vielleicht auch ein Grund für sein Comeback? »Ich denke, es war die richtige Entscheidung aufzuhören. Inzwischen hatte ich allerdings viel Zeit darüber nachzudenken und bin zu dem Schluss gekommen, dass mir einiges fehlt«, begründete der Niederländer damals seine Rückkehr. ⊚

▲ Rückschau: Das Foto von 2007 zeigt Raymond van Barneveld, umgeben von zahlreichen Fans

| Stars |

JOHN HENDERSON
Ungewöhnliche Wurftechnik

Diese Nacht wird vermutlich nicht nur John Henderson nie vergessen. Als Gastspieler in der Premier League stand der »Highlander« im März 2019 in seiner Geburtsstadt Aberdeen endlich einmal im Mittelpunkt – und das Duell mit dem hochfavorisierten Michael van Gerwen sollte vor allem atmosphärisch neue Maßstäbe setzen.

Schon der Walk-on in Begleitung zweier Dudelsackspieler im Schottenrock erzeugte Gänsehaut. Als der Lokalmatador das Spiel dann noch nach einem 2:5-Rückstand in ein 6:6-Unentschieden drehte, waren seine Landsleute komplett aus dem Häuschen. Ohrenbetäubender Jubel. Bierfontänen. Fans lagen sich in den Armen. Und auf der Bühne stand ein ungläubig dreinblickender »Hendo«, der diesen Abend in seiner Karriere ganz weit oben ansiedelt.

Die großen Erfolge hat Hendersons Laufbahn nämlich noch nicht zu bieten. Einmal, beim World Grand Prix 2017, erreichte er immerhin das Halbfinale eines Majors, im Jahr 2020 fiel er aus den Top 32 der Order of Merit heraus.

Absoluter Publikumsliebling

Mit seinen roten Bäckchen und seiner korpulenten Statur sieht Henderson, der an Diabetes leidet und mit seiner Frau Veronica unweit von Aberdeen in Huntley lebt, bei allem Respekt nicht gerade aus wie ein Musterathlet. Mit seiner markanten, äußerst unorthodoxen Wurftechnik, bei der er seinen gesamten Körper nach vorne wiegt, wenn der Pfeil seine Hand verlässt, dürfte Henderson eigentlich kaum ein Doppel- oder Triplefeld treffen. Er tut es trotzdem ziemlich häufig. Wahrscheinlich gerade deshalb, und auch weil »Big John« einer der sympathischsten Spieler der PDC ist, gilt er als absoluter Publikumsliebling.

▲ Der Moment des Loslassens: Der Pfeil »steht« noch vor der Hand, ist aber längst von John Henderson Richtung Scheibe »abgefeuert« worden

Info

Name: John Henderson
Geburtstag: 4. Mai 1973 in Huntly, Schottland
Nicknames: Highlander, Hendo, Big John
Darts: 24 g Red Dragon
Wurfhand: rechts
Einlaufmusik: »Rockin' All Over The World« (Interpret: Status quo)
BDO: von 2004 bis 2011
PDC: von 2002 bis 2003, seit 2011
Titel: /
PDC World Championship: Achtelfinale 2018

DIMITRI VAN DEN BERGH
Tänzelnd in die Weltspitze

»Junge, du bist von einem Boy zu einem Mann geworden. Du hast gezeigt, dass du es in dir hast«, sagte Chris Van den Bergh, selbst Darts-Spieler, seinem Sohn Dimitri.

Dimitri Van den Bergh hatte zuvor im Juli 2020 sein erstes Major-Turnier der PDC gewonnen: das World Matchplay im Finale gegen den früheren Weltmeister Gary Anderson. Schon seitdem Van den Bergh 2012 seine Profi-Laufbahn startete, gehört er zu den größten Nachwuchshoffnungen der Darts-Szene. Beliebt bei den Fans ist er vor allem wegen seiner Tanzeinlagen beim Walk-On.

Tipps vom Weltmeister

2013 gewann er die British Teenage Open und wurde 2017 und 2018 Junioren-Weltmeister. Überhaupt war 2018 ein erfolgreiches Jahr für den jungen Belgier. Bei der PDC-Weltmeisterschaft stieß er nicht nur erstmals bis ins Viertelfinale vor, wo er dem späte-

▲ Ausgelassen feiern und jubeln kann er auch: Genau das zeigte der Belgier Dimitri Van den Bergh am 28. Dezember 2019 bei der Darts-WM 2020 im Londoner Alexandra Palace

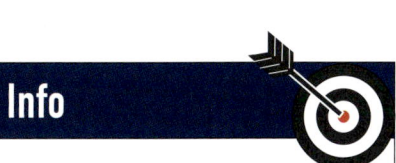

Info

Name: Dimitri Van den Bergh
Geburtstag: 8. Juli 1994 in Antwerpen, Belgien
Nickname: The Dreammaker
Darts: 22 g Unicorn
Wurfhand: rechts
Einlaufmusik: »Happy« (Interpret: Pharrell Williams)
BDO: 2012 bis 2013
PDC: seit 2013
Titel: World Matchplay 2020
PDC World Championship: Viertelfinale 2018 und 2020

ren Weltmeister Rob Cross mit nur 4:5 unterlag, beim Grand Slam of Darts gelang ihm gegen Stephen Bunting auch sein erster Neundarter vor Live-Kameras.

Über mangelnde Unterstützung kann sich »The Dreammaker« nicht beklagen. Seine erfahrenen Landsmänner Kim und Ronny Huybrechts brachten sich stets als seine Mentoren ein und als Van den Bergh während der ersten Phase der Corona-Pandemie auf der britischen Insel festsaß und nicht in sein Heimatland zurückkehren durfte, fand er kurzerhand eine vorübergehende Bleibe bei Weltmeister Peter Wright.

Beim gemeinsamen Training in Wrights Haus gab dieser ihm einen wertvollen Tipp mit auf den Weg. Es geht nicht darum, endlos zu trainieren, sondern das richtige Gefühl für seinen Wurf zu erlangen. Die bunten Haare, die Wright von seiner Ehefrau regelmäßig verpasst bekommt, lehnte Van den Bergh hingegen ab. Der Dreitagebart-Träger will sich auch ohne auffälliges Äußeres in der Weltspitze etablieren. ◎

| Stars |

GERWYN PRICE
Auf Konfrontationskurs

»Ich gehe jetzt in die Geschichte ein, schönen Tag noch«, sagte Gerwyn Price 2018 nach seinem ersten Sieg bei einem Major-Turnier der PDC.

Der bis dahin erfolgreichste Moment der noch jungen Darts-Karriere des emotionalen Walisers, der Sieg beim Grand Slam of Darts in Wolverhampton, war zugleich aber eines der kontroversesten Darts-Matches der letzten Jahre.

Price war mehrmals während des Endspiels mit dem zweifachen Weltmeister Gary Anderson verbal aneinandergeraten und hatte sich den Unmut des Publikums zugezogen. »Manchmal ist die Menge bei dir, manchmal ist sie gegen dich. Wenn sie gegen dich ist, musst du dich davon ernähren. Diese Woche, vielleicht zwei- oder dreimal, waren sie gegen mich, aber es bringt mich dazu, besser zu spielen. Also buht beim nächsten Mal ein bisschen mehr«, so Price gelassen nach dem Spiel. Seine Tochter Emily hatte indes weniger Spaß. Aufgrund des Verhaltens ihres Vaters auf der Bühne wurde die damals Zwölfjährige über soziale Medien derart angegangen, dass Price die Plattform Twitter dazu aufforderte, entsprechende Accounts zu sperren.

Sein Triumph, den er als frisch verheirateter Ehemann feierte, war ihm auch nicht mehr zu nehmen. Zum ersten Mal in der Darts-Geschichte hatte ein Waliser ein live im Fernsehen übertragenes Major-Turnier der PDC gewonnen. Zudem war er nach einer Operation an der Achillessehne laut Wettquoten als 40:1-Außenseiter ungesetzt ins Turnier gegangen. Ein Jahr später wiederholte Price seinen Triumph beim Grand Slam. Seinem Rüpel-Image macht er allerdings ebenfalls weiterhin alle Ehre. Seitdem Price sich 2014 der PDC angeschlossen hat, geht er keiner Konfrontation mit seinen Gegenspielern aus dem Weg. Gegnern verweigert er nach verlorenen Matches schon mal den Handschlag und Schulter an Schulter nimmt er auch gelegentlich unfreundlich Kontakt auf. Ein Leg, ein Satz, ein Vorrunden-Sieg, Price feiert seine Erfolge und Zwischenerfolge gerne energisch und mit zu Fäusten geballten Händen, als hätte er soeben das Finale einer Weltmeisterschaft für sich entschieden. Dieser Pryce ist eben heiß! Beim tatsächlichen Gewinn der WM 2021, dem bislang größten Erfolg seiner Karriere, und dem Erklimmen der Spitzenposition der Order of Merit blieb er dagegen ungewohnt reserviert. Körperbetont ging Price auch schon vor seiner Profi-Karriere mit den Pfeilen zur Sache. So war er auf der Position des »Hooker« in der »Welsh Premier League« bei den South Wales Scorpions, bei Neath RFC sowie Cross Keys RFC und später in Schottland bei den Glasgow Warriors als Rugby-Profi aktiv. Allerdings beendete er seine Rugby-Karriere 2014, weil er an der Dartscheibe die größere sportliche Perspektive für sich sah. Damit sollte er Recht behalten, ist der 1985 in Cardiff geborene Price doch der erfolgreichste Waliser im Darts.

»The Iceman«, so sein Spitzname aufgrund seines eiskalten Blickes, spielte sich binnen weniger Jahre in die Weltspitze. Neben seinen beiden Erfolgen beim Grand Slam erreichte er 2020 auch das Halb-

Info

Name: Gerwyn Price
Geburtstag: 7. März 1985 in Cardiff, Wales
Nickname: The Iceman
Darts: 24 g Red Dragon
Wurfhand: rechts
Einlaufmusik: »Dakota« (Interpret: Stereophonics)
BDO: /
PDC: seit 2014
Titel: Grand Slam 2018 und 2019, World Series 2020, World Grand Prix 2020, World Cup 2020
PDC World Championship: Sieger 2021

> »Ich werde mit 50 Jahren aufhören und in der Sonne leben.«
>
> Gerwyn Price

| Stars |

finale der Weltmeisterschaft, wo er dem späteren Turnier-Sieger Peter Wright mit 3:6 Sätzen unterlag. 2010 war Price zu seinen Rugby-Zeiten unrühmlich in die Schlagzeilen geraten. Vor einer Kneipe im walisischen Bargoed war er von Owen Body, einem polizeilich bekannten Gewalttäter, zusammengeschlagen worden, nachdem er innerhalb der Gaststätte Body zunächst zu Boden geschlagen hatte. Wunden in seinem Gesicht mussten mit insgesamt 42 Stichen genäht werden, zudem erlitt Price eine Gehirnblutung. Philip Richards, der zuständige Richter, verurteilte Body zu zwölf Monaten Gefängnis und begründete: »Ein solcher Vorfall hätte zum Tod und zu einer Anklage wegen Mordes führen können.« Price erhielt eine Bewährungsstrafe, noch heute erinnert eine gelähmte Augenbraue in seinem Gesicht an das Ereignis. ◉

◂ Ob während der Matches, im Privatleben, oder – wie hier – beim Jubeln am 20. Februar 2020 im Motorpoint Stadium in Cardiff, (Wales): Gerwyn Price agiert fast immer äußerst körperbetont

| Stars |

JOSÉ DE SOUSA
Ein Star mit Rechenschwäche

Nur rechnen ist nicht die Stärke von José de Sousa. Als langjähriger E-Dartspieler spuckte noch der Automat die geworfenen Werte aus, auf der PDC-Tour muss er selbst subtrahieren – und leistet sich gerne den einen oder anderen Schnitzer.

Auf dem Weg zum Sensationserfolg beim Grand Slam of Darts im November 2020 checkte er im Halbfinale gegen Simon Whitlock schulmäßig die 136 Restpunkte, erst dann merkte er, dass nur 126 gefordert waren.

Das Match gewann der in Madrid lebende de Sousa dennoch – dann das Turnier und viele Herzen. Nach dem 16:12-Finalerfolg gegen James Wade schossen ihm Tränen in die Augen. Denn mit seinem Durchbruch hatte der langjährige Küchenschreiner selbst keinesfalls gerechnet. Lange Jahre war die Karriere vor sich hingedümpelt, nach seinem schüchternen Schritt zur PDC im Jahr 2011 wollten sich gute Ergebnisse einfach nicht einstellen. Erst als er 2019 alles auf eine Karte setzte, seinen Job aufgab und auf eigene Kosten zu den Veranstaltungen tingelte, gelangen ihm endlich zwei kleinere Turniersiege.

Selbst als die Pfeile ihr Ziel besser fanden, zweifelte der Portugiese an seinen Fähigkeiten. Ausgerechnet seine Konkurrenten trichterten ihm ein, dass er an einem guten Tag wirklich jeden besiegen kann. Dies tat er auch. Er schlug Michael van Gerwen im Oktober 2020 im Finale von Sindelfingen. Dann sein erster Neundarter vor TV-Kameras beim European Championship. Der Triumph beim Grand Slam. Bei seiner vierten Teilnahme endlich der erste Matchgewinn bei der WM und immerhin das Erreichen der dritten Runde – wenn auch nicht ohne Rechenfehler ... Mit de Sousa ist weiter zu rechnen. Mit Fußball-Trainerfuchs José Mourinho, der ihn jüngst mit einer Videobotschaft überraschte, teilt er nicht nur Vorname und Herkunft. De Sousa lieh sich auch dessen Nickname »The Special One«. Sein Werdegang ist wirklich speziell. ◉

Info

Name: José de Sousa
Geburtstag: 25. Februar 1974 in Azambuja, Portugal
Nickname: The Special One
Darts: 20 g Trinidad Signature
Wurfhand: rechts
Einlaufmusik: »I Know You Want Me« (Interpret: Pitbull)
BDO: 2011
PDC: seit 2011
Titel: Grand Slam 2020
PDC World Championship: 3. Runde 2021

◀ José de Sousa bei seinem Auftritt am 17. Dezember 2020 bei der »William Hill World Darts Championship« im Alexandra Palace, London

| Stars |

Info

Name: Glen Durrant
Geburtstag: 24. November 1970 in Middlesbrough, England
Nickname: Duzza
Darts: Glen Duzza Durrant 24 g Target Darts
Wurfhand: rechts
Einlaufmusik: »Pump it up« (Interpret: Endor)
BDO: von 2005 bis 2019
PDC: seit 2019
Titel: BDO World Championship 2017, 2018 und 2019, Premier League 2020
PDC World Championship: Viertelfinale 2020

▶ Und noch ein Erfolg: Am 25. Oktober 2020 gewinnt Glen Durrant in der Ricoh Arena, Coventry (England) die 2020-er Unibet Premier League

GLEN DURRANT
Der Spätzünder

Zuletzt lernte Glen Durrant auch die unsoziale Seite der sozialen Medien kennen.

Weltmeister? Du bist nichts als ein Kneipenspieler«, musste »Duzza«, in den Jahren 2017 bis 2019 dreimal in Folge Weltmeister des BDO-Verbandes wie einst Eric Bristow, dort lesen. Oder: »In der PDC wirst du komplett chancenlos sein.«

Ein eher »lässiger« Wurfrhythmus

Mittlerweile wissen nicht nur die Autoren dieser Kommentare, dass sie komplett daneben lagen. Alter schützt vor Erfolgen nicht: Nicht erst seit dem souveränen Gewinn der Premier League 2020 bei seiner ersten Teilnahme wenige Wochen vor seinem 50. Geburtstag ist Durrant unter den besten Dartspielern der Welt angekommen. Ein Showman war Durrant nie. Kein Tänzer, kein Provokateur. Selbst optisch fällt er nicht weiter auf. Der Vater einer Tochter konzentriert sich schlicht auf sein Spiel, auch wenn sein langsamer Wurfrhythmus auf Beobachter schon mal eine hypnotische Wirkung haben kann.

Obwohl er seit 1985 hobbymäßig auf Dartscheiben warf, nahm der Nordengländer erst 19 Jahre später an einem größeren Turnier teil. In der BDO ließen Erfolge ebenfalls fast ein Jahrzehnt auf sich warten, seit 2015 war er dort jedoch das Maß aller Dinge.

Dartsturniere statt Hausverwaltung

In der Q-School erspielte sich der langjährige Hausverwalter – mit dem Eintritt in die PDC kündigte er schweren Herzens nach mehr als drei Jahrzehnten seinen Job – erst am allerletzten Tag eine Tourkarte, hatte sogar Matchdarts gegen sich, bei denen Millimeter den Ausschlag gaben. Wenn er verloren hätte, wäre er aus Scham nie wieder dort angetreten, gestand Durrant später. Und die auf einmal hastig auftretenden Erfolge und hohen Preisgelder der PDC hätte ein anderer eingefahren. ◎

ROB CROSS
Auf Anhieb Weltmeister

▶ Konzentration und Wurf beim Deutschland-Besuch: Rob Cross am 22. Februar 2018 bei seinem Auftritt in der Mercedes-Benz-Arena, Berlin

Sein Aufstieg im Jahr 2017 ging selbst für Rob Cross zu schnell. So hatte er für das WM-Halbfinale gegen den scheinbar übermächtigen Michael van Gerwen nicht die höchsten Erwartungen.

Vor dem Spiel dachte ich mir: Bloß nicht ohne Satzgewinn von der Bühne gehen«, sagte Cross dem »Independent«, nachdem er gegen den Niederländer zuvor empfindliche Niederlagen hatte einstecken müssen. Was aber folgte, war ein atemberaubender 6:5-Sieg im allesentscheidenden Sudden-Death-Leg. Im Finale fegte der damals 27-Jährige schließlich noch sein großes Idol Phil Taylor bei dessen letztem Auftritt als Profi mit 7:2 vom Oche.

Während für »The Power« das Happy End ausblieb, spielte Cross die Hauptrolle in seinem eigenen Darts-Märchen. Viele Spieler laufen in ihrer ganzen Karriere dem Traum hinterher, einmal die Sid-Waddell-Trophy in die Höhe zu stemmen, Cross erledigte dies am Neujahrstag 2018 bei seiner allerersten WM-Teilnahme.

Als Qualifikant hatte Cross erst bei den UK Open im März 2016 überhaupt erstmals in den PDC-Zirkus hineingeschnuppert – und Blut geleckt, nachdem er nach drei überraschenden Erfolgen erst gegen van Gerwen unterlag. Der Glaube, mit den Profis Schritt halten zu können, pushte den Engländer im Jahresverlauf zum Gewinn von drei Challenger-Turnieren und bescherte ihm einen festen Startplatz auf der PDC-Tour mit allen Stars. So gab der gelernte Elektriker seinen Beruf, dem er auch seinen Spitznamen »Voltage« verdankt, auf und konzentrierte sich voll und ganz auf seine eigentliche Leidenschaft.

Mit elf Jahren die erste 180

Auch als Teil der Elite benötigte Robert »Rob« Cross 2017 keinerlei Anlaufphase, besiegte auf Anhieb große Namen wie Raymond van Barneveld, Gerwyn Price oder Peter Wright und verbuchte insgesamt vier Turniersiege. Bei der European Darts Championship 2017 erreichte er sogar das Finale eines Majors, musste sich allerdings van Gerwen mit 7:11 geschlagen geben. In der Order of Merit kletterte der Senkrechtstarter zum WM-Turnier bis auf Position 20 – und schlüpfte in die Rolle des Geheimfavoriten, der er bekanntlich mehr als gerecht werden sollte.

Fast sein ganzes Leben lang hatte der Familienvater in seinem Anwesen in der Küstenstadt Hastings jeden Penny einzeln umdrehen müssen, plötzlich war er die Nummer drei der Darts-Welt und um umgerechnet knapp 450.000 Euro reicher. Mit elf

| Stars |

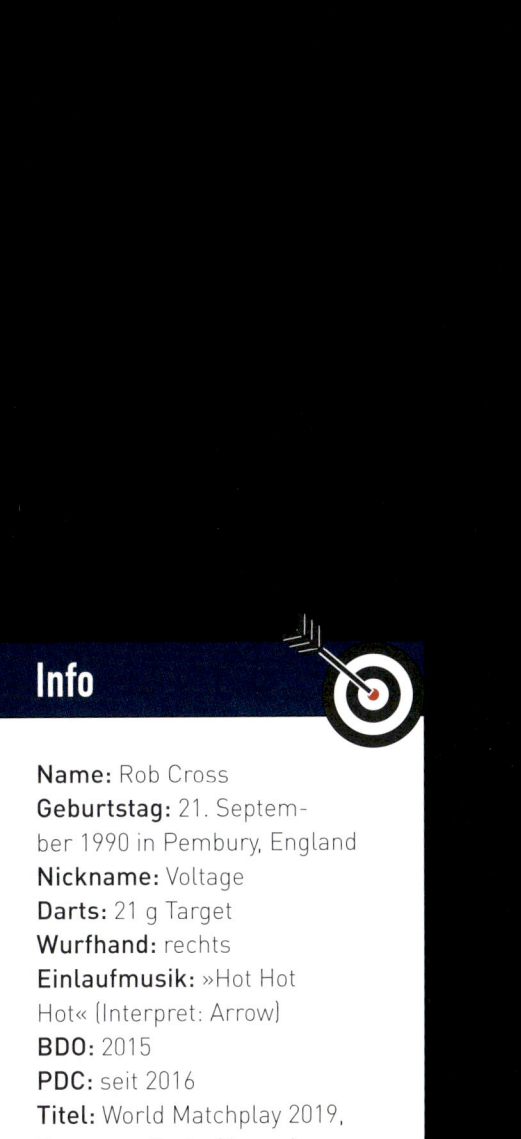

Info

Name: Rob Cross
Geburtstag: 21. September 1990 in Pembury, England
Nickname: Voltage
Darts: 21 g Target
Wurfhand: rechts
Einlaufmusik: »Hot Hot Hot« (Interpret: Arrow)
BDO: 2015
PDC: seit 2016
Titel: World Matchplay 2019, European Darts Championship 2019
PDC World Championship: Sieger 2018

Jahren hatte er in seiner Heimat in Kent seine erste 180 geworfen, im Teenageralter erste regionale Erfolge gefeiert, mit der Geburt seines ersten Sohnes und dem Druck nun eine Familie ernähren zu müssen, seine Pfeile aber für einige Jahre beiseitegelegt. Dies würde heute nicht mehr passieren. Selbst im Urlaub hat der bescheidene Cross, der sich vom WM-Preisgeld lediglich ein neues Auto gönnte, immer ein Dartsboard dabei.

Obwohl Cross keineswegs als Lautsprecher gilt, ließ er sich nach seinem WM-Triumph zu einer markigen rechne damit, dass ich das Spiel in drei Jahren dominiere.« Seine Klasse ließ er zuletzt jedoch seltener aufblitzen. Zwar durfte er beim World Matchplay und der EM 2019 zwei weitere Majortitel feiern, wie bei dem WM-Erstrunden-Aus 2020 gegen den Belgier Kim Huybrechts (0:3) oder dem letzten Platz in der Premier League 2020 war oftmals aber auch schon früh sang- und klanglos Endstation. 2020 glich auch privat einer Achterbahnfahrt: Der Geburt seines vierten Kindes mit Ehefrau Georgia stand der Tod seines Großvaters an den Fol-

| Stars |

»I'm two times world champion, I've got nothing to prove to anybody.«

Adrian Lewis

Frei übersetzt: Ich bin zweifacher Weltmeister, ich muss niemandem etwas beweisen.

▲ Auftritt im hohen Norden: Der Engländer Adrian Lewis am 14. Mai 2016 in der Inselparkhalle in Hamburg

ADRIAN LEWIS

Familienmensch und Provokateur

2005 knackte Adrian Lewis den Jackpot. Der Engländer gewann beim Besuch eines Spielcasinos in Las Vegas insgesamt 75.000 US-Dollar an einem Einarmigen Banditen.

Doch zu seinem Unglück wurde ihm der Preis nicht ausgezahlt, Lewis war zum Zeitpunkt des Gewinns noch keine 21 Jahre alt, was Voraussetzung für den Jackpot gewesen wäre. Immerhin hat sich der Fan des Fußballvereins Stoke City so seinen Spitznamen verdient – Adrian »Jackpot« Lewis.

In seinen jungen Jahren trainierte Lewis gemeinsam mit Legende Phil Taylor, der wie er aus Stoke-on-Trent stammt. Die British Teenage Open gewann Lewis im Alter von 18 Jahren und schloss sich kurz darauf der BDO an, wo er allerdings nur an einem einzigen Turnier teilnahm, ehe er weiter zur PDC wechselte. Bei den UK Open 2004 spielte Lewis dann in der Runde der letzten 64 Spieler erstmals in einem live im Fernsehen übertragenen Match, welches er mit 7:8 gegen Dennis Harbour verlor.

Erfolgreiche Titelverteidigung

Seine größten Erfolge feierte Lewis 2011 und 2012 jeweils bei der PDC-Weltmeisterschaft. 2011 wurde er erstmals Weltmeister, indem er Gary Anderson im Finale mit 7:5 schlug. Während des Matches hatte er ein Leg mit einem perfekten Neundarter gewonnen, dem ersten in einem Finale der WM-Geschichte. Ein Jahr später verteidigte er seinen Titel mit einem 7:3-Endspielerfolg gegen Andy Hamilton. Er war damit nach Phil Taylor der erst zweite Spieler, der seinen WM-Titel erfolgreich verteidigte. Später kamen noch zwei Major-Turniersiege hinzu, außerdem gewann er im Team mit Phil Taylor viermal für England den World Cup of Darts. Seinen dritten WM-Titel verpasste Lewis dann 2016, als er im Finale gegen Gary Anderson den Kürzeren zog.

»Blinder Wurf« trifft

Lewis gehört allerdings auch zu den umstrittenen Charakteren des PDC-Zirkus. Bei seinem WM-Debüt 2006 kam es im Viertelfinale zu einem sagenumwobenen Match gegen Peter Manley. Beim Stand von 2:1 für Manley traf dieser eine »180« und jubelte überschwänglich. Lewis warf zunächst auch zwei Pfeile in die Triple-20, um dann seinen letzten Pfeil »blind« in Richtung der Scheibe zu bugsieren. Dabei drehte er den Kopf nach Loslassen des Pfeils direkt in Manleys Richtung und traf ebenfalls zur »180« in die Scheibe. Manley gewann den Satz trotzdem und leistete sich einen Spruch in Richtung Lewis, der daraufhin die Bühne verließ und erst nach 25 Minuten zurückkehrte. Ins Halbfinale zog Manley ein.

Sperre und Geldstrafe

Nicht die einzige Eskapade von Lewis auf der großen Bühne: Im April 2008 kam es bei den Holland Masters gegen Kevin Painter zu einem Wortgefecht, das in einer mehrmonatigen Sperre sowie einer Geldstrafe für Lewis endete. Noch im Februar 2018 wurde Lewis erneut gesperrt, diesmal nach einem Zwischenfall mit José Justicia bei der Qualifikation zu den UK Open. Dazwischen immer wieder provokante Auffälligkeiten, wie mit Gary Anderson beim World Grand Prix 2009 oder mit James Wade im Halbfinale der Weltmeisterschaft von 2012, als Lewis sich von einem mysteriösen Windzug auf der Bühne beeinträchtigt fühlte, eine Spielpause erzwang und das Publikum so gegen sich aufbrachte.

Seit 2012 ist Lewis mit der zwei Jahre jüngeren Sarah verheiratet und hat mit ihr eine Patchwork-Familie gegründet. Sarah brachte drei Kinder mit in die Ehe, mittlerweile sind drei gemeinsame Nachkommen hinzugestoßen. Zudem hat Lewis noch eine Tochter mit seiner früheren Freundin Katie-Adele Hughes – Myla Niamh kam bereits im August 2009 zur Welt.

Info

Name: Adrian Lewis
Geburtstag: 21. Januar 1985 in Stoke-on-Trent, England
Nickname: Jackpot
Darts: 22 g Target
Wurfhand: rechts
Einlaufmusik: »Money« (Interpret: Pink Floyd) und »Reach Up« (Interpret: Perfecto Allstarz)
BDO: 2003
PDC: seit 2004
Titel: European Championship 2013, UK Open 2014, World Cup 2012, 2013, 2015, 2016
PDC World Championship: Champion 2011 und 2012

FALLON SHERROCK
Die Pionierin

Fallon Sherrock hat Pionier-Arbeit geleistet. Bei der PDC-Weltmeisterschaft 2020 gelang es der damals 25-Jährigen als erster Frau, ein WM-Match gegen einen Mann zu gewinnen.

Die von vielen Experten belächelten WM-Quotenplätze für Frauen erhielten durch die Wurfkünste der alleinerziehenden Friseurin aus dem englischen Milton Keynes plötzlich Berechtigung. Und damit nicht genug. Nach ihrem Erfolg in der ersten Runde gegen ihren Landsmann Ted Evetts schlug Sherrock in Runde zwei den an Position elf gesetzten österreichischen Topspieler Mensur Suljović. Erst in der Runde der letzten 32 wurde die Palastrevolution des Ally Pally von Chris Dobey beendet. Doch Sherrock schrieb trotzdem die Geschichte der ersten beiden Turnierwochen. Und ihr Erfolg, der von der PDC bestmöglich vermarktet und von der weltweiten Presse gefeiert wurde, sollte auch Sherrocks Leben nachhaltig verändern. Neben 25.000 Pfund Preisgeld stieg auch ihre internationale Bekanntheit rapide an. Über die Turnierdauer hatte sie alleine 80.000 neue Follower auf der Internet-Plattform Twitter hinzugewonnen.

Sherrock schrieb PDC-Geschichte

Für das Jahr 2020 hatte sie große Pläne und wollte sich auf sportlichem Wege eine PDC-Tourkarte erspielen – Corona durchkreuzte dieses Vorhaben aber zunächst. 2010 hatte Sherrock erstmals an einer Dartscheibe gestanden, 2011 bereits den WDC Girls World Cup gewonnen. Sie galt zu diesem Zeitpunkt als legitime Nachfolgerin von Trina Gulliver, der BDO-Rekordweltmeisterin mit zehn Titeln.

Über eine Finalteilnahme bei der BDO-WM gegen Lisa Ashton 2015 kam Sherrock aber nicht hinaus – bis sie dann auf PDC-Ebene Geschichte schrieb. »Ich hoffe, dass wir irgendwann wahrnehmen, dass dieser Moment der Start war, von dem an sich etwas verändert hat«, sagte Sherrock nach ihrem Ausscheiden. Und ergänzte: »Ich hoffe, dass wir Frauen mehr Beachtung erhalten. Wir verdienen es«.

Info

Name: Fallon Sherrock
Geburtstag: 2. Juli 1994 in Milton Keynes, Buckinghamshire, England
Nickname: The Queen of the Palace
Darts: 23 g Dynasty Signature
Wurfhand: rechts
Einlaufmusik: »Last Friday Night« (Interpret: Katy Perry)
BDO: seit 2012
PDC: 2019 und 2020
Titel: World Darts Trophy 2018 (BDO/Women Competition), Finder Masters 2015 (BDO/Women Competition)
PDC World Championship: 3. Runde 2020

▸ Fallon Sherrock, deren Spitzname (frei übersetzt) »Die Palastkönigin« lautet

DAVE CHISNALL
Der Unvollendete

Info

Name: Dave Chisnall
Geburtstag: 12. September 1980 in St Helens, England
Nickname: Chizzy
Darts: 22 g Harrows Dave Chisnall
Wurfhand: rechts
Einlaufmusik: »Dizzy« (Interpret: Vic Reeves & The Wonder Stuff)
BDO: von 2004 bis 2011
PDC: seit 2011
Titel: /
PDC World Championship: Halbfinale 2021

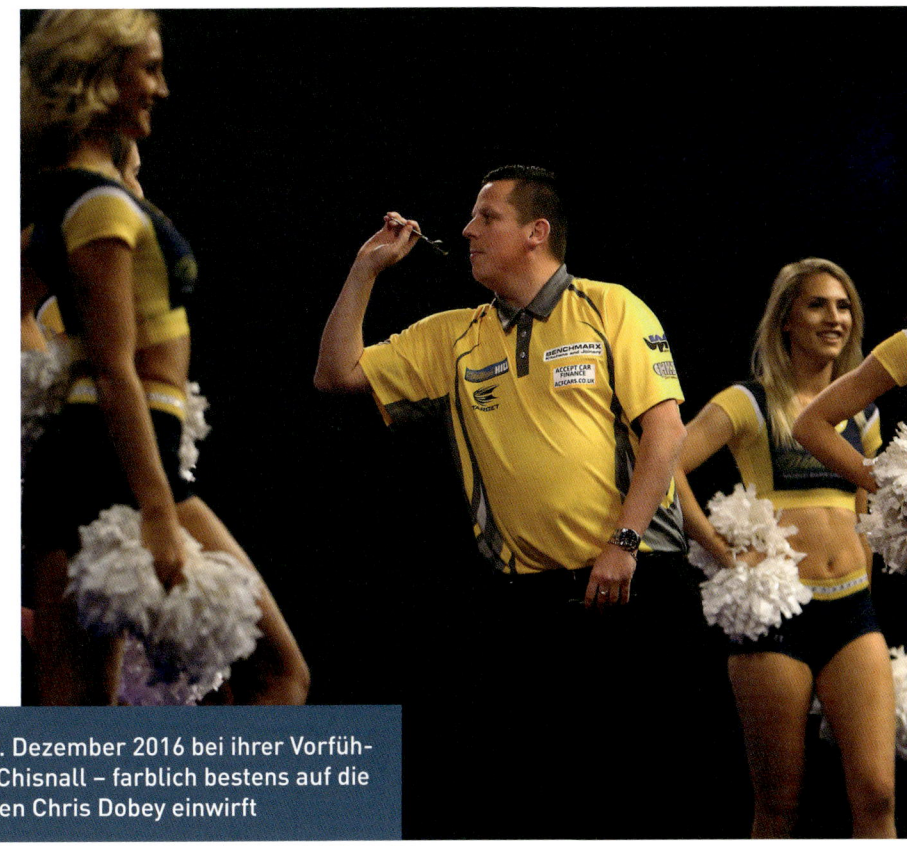

▸ Die William Hill Dancing Girls am 27. Dezember 2016 bei ihrer Vorführung im Ally Pally, während sich Dave Chisnall – farblich bestens auf die Girls abgestimmt – für sein Match gegen Chris Dobey einwirft

Ein einziges Match stellte das Sportlerleben von Dave Chisnall auf den Kopf. Es sollte im Dezember 2011 eine lästige Pflichtaufgabe für den damaligen Darts-Dominator Phil Taylor auf dem Weg zum nächsten Titel werden, doch es setzte eine schallende Ohrfeige.

Noch nie war »The Power« bei einer WM schon nach der zweiten Runde zum Zuschauen verdammt. Chisnall, immerhin als BDO-Vizeweltmeister jüngst in die PDC eingetreten, spielte das für lange Zeit beste Match seines Lebens und ließ Taylor beim 4:1 kaum eine Chance. Im folgenden Achtelfinale schied »Chizzy« ohne Satzgewinn gegen den späteren Finalisten Andy Hamilton aus, doch sein Name war fortan in aller Munde – und ist bis heute konstant fester Bestandteil der erweiterten Weltspitze. Dabei hatte erst eine schwere Fußverletzung den damals begeisterten Fußballer überhaupt zum Darts gebracht. Seine erste Aufnahme im Zimmer eines Kumpels wird stets mit einer 100 überliefert.

Auf einen großen Erfolg wartet der Mann mit dem gelben Shirt aber noch immer. Fünfmal stieß er in das Finale eines Major-Turniers vor, fünfmal versagten die Nerven. Allerdings hatte er Pech, dort immer gegen die Besten – Taylor oder Michael van Gerwen – gespielt haben zu müssen. Den Niederländer entzauberte »Chizzy« zumindest bei der WM 2021 mit einer Galavorstellung (5:0) und rückte zum bislang einzigen Mal ins Halbfinale vor. Bei der WM 2017 erzielte Chisnall 21-mal in einem Match eine 180 – und verlor. Übrigens: Die 21-mal 180 bedeuteten einen Rekord – der allerdings nur drei Tage hielt.

Ehefrau Michaela, ebenfalls Dartspielerin und Mutter der gemeinsamen Tochter, lernte der ausgebildete Zimmermann auf einem Turnier kennen und lieben. Die Hochzeit im Jahr 2017 drohte zu platzen, nachdem das Paar zunächst die Ringe für die eigene Trauung vergessen hatte. An »Chizzy« wird man sich auch ohne wichtige Titel erinnern. ◉

▲ Achtung, könnte weh tun: Während des Halbfinales gegen Landsmann Glen Durrant bei den Betfred World Matchplay Darts (27. Juli 2019) »bearbeitet« der Engländer Michael Smith sein Wurfgerät auf höchst eigenwillige Art und Weise

MICHAEL SMITH

Verliebt in einen Pokal

»Ich habe noch nicht einmal bei der Geburt von Junior und Kasper geweint«, sagte Michael Smith zum Jahresende 2018 und sprach von seinen beiden Söhnen. Soeben hatte er sich im Halbfinale der PDC-WM gegen Nathan Aspinall durchgesetzt und konnte die Tränen nicht zurückhalten, so sehr er seinen Kopf auch in seinen Händen vergraben wollte.

Es gibt nichts, was ich nicht hergeben würde, um endlich diesen Pokal berühren zu dürfen«, sagte Smith der WELT und meinte damit die »Sid Waddell Trophy«, den WM-Pokal.

Längst hatte seine langjährige Freundin Dagmara Malczewska da schon die Hochzeit minutiös geplant. Nur vier Tage nach dem Finale sollte die Trauung stattfinden, die Tickets für die Flitterwochen in der Dominikanischen Republik waren gebucht. Nur eine Variable hatte Michael Smith für seine Trauung noch offengehalten. Mit dem WM-Titel im Gepäck würde Dagmara am Traualtar auf ihn warten und er würde mit Pokal und seiner Einlaufmusik der Zeremonie beitreten.

Zäher Start in die Karriere

Leider hatte Michael van Gerwen etwas gegen den geplanten Rollentausch. Der Niederländer machte beim 7:3 kurzen Prozess und sorgte so dafür, dass bei der Hochzeit alles seinen üblichen Gang gehen sollte. Michael würde am Altar warten, während Dagmara dorthin geführt werden würde. Mittlerweile ist Dagmara nicht nur Michaels Ehefrau sondern auch seine Managerin. Dass Smith aber überhaupt vom Gewinn der Weltmeisterschaft hatte träumen dürfen, hatte er auch einem Sinneswandel zu verdanken.

Über Jahre hinweg galt Michael Smith als schlampiges Genie. Ein großes Talent an den Pfeilen, das leider sehr wenig von Training hielt. So unterlag sein Spiel immer vielen

Info

Name: Michael Smith
Geburtstag: 18. September 1990 in St. Helens, England
Nickname: Bully Boy
Darts: Unicorn Maestro Silver 90 % Tungsten Darts 24 g
Wurfhand: rechts
Einlaufmusik: »Shut Up and Dance« (Interpret: Walk the Moon)
BDO: /
PDC: seit 2008
Titel: /
PDC World Championship: Finale 2019

»Über Jahre hinweg galt Michael Smith als schlampiges Genie.«

Schwankungen, 2016 verlor er über die Dauer von drei Monaten gar zehn Partien hintereinander. Auch brauchte er bei der PDC-WM insgesamt drei Anläufe, um seinen ersten Satz und sein erstes Match zu gewinnen. 2012 und 2013 war er noch jeweils mit 0:3 in der ersten Runde ausgeschieden, 2014 sorgte er nach einem Sieg über den Japaner Morihiro Hashimoto dann aber für ein internationales Ausrufezeichen: In Runde zwei warf er Rekord-Weltmeister Phil Taylor aus dem Turnier.

Fahrrad-Unfall als Wegweiser

Ein Sinnbild seiner Karriere. 2011 warf er Michael van Gerwen bei einem PDC-Nachwuchsturnier mit einem Neundarter raus, das Turnier gewann er aber trotzdem nicht. Erst zwei Jahre später feierte er den Gewinn der Junioren-WM – mit 6:1 im Finale gegen Ricky Evans. Trotzdem blieb die Inkonstanz sein ständiger Begleiter. Bis 2018, als er Darts als seine Berufung erkannte und einen Trainingsplan erstellte, den er an die Bedürfnisse der Familie anpasste. Plötzlich erreichte er das Finale der Premier League und der World Series Finals, nachdem er zuvor die Shanghai Open gewonnen hatte.

Im folgenden Jahr knüpfte er an seine Top-Leistungen an. Bei der European Championship, den UK Open und der Champions League erreichte der »Bully Boy« jeweils das Halbfinale, beim World Matchplay und dem World Grand Prix das Finale. Auf einen Major-Titel muss Smith allerdings bis heute warten.

Dass Smith überhaupt Darts spielt, ist einem Unfall zu verdanken. Im Alter von 15 Jahren stürzte Smith mit seinem Fahrrad schwer, brach sich die Hüfte und ging 16 Wochen an Krücken. Aus Langeweile begann er in dieser Phase mit dem Dartspielen – und erzielte noch an Krücken erstmals 180 Punkte mit drei Pfeilen.

| Stars |

MENSUR SULJOVIĆ
Darts: Star trotz(t) Dartitis

2011 schaffte Mensur Suljović Historisches. Nachdem er bei der PDC-WM in der ersten Runde den jungen Michael van Gerwen ausgeschaltet hatte und eine Runde später den damals Weltranglistenzweiten James Wade schlug, erreichte er als erster deutschsprachiger Spieler das Achtelfinale des wichtigsten Turniers der Darts-Tour.

Suljović, der im früheren Jugoslawien geboren wurde, aber in Österreich aufwuchs, wohnt mit seiner Frau Enisa und seinem Sohn in Wien und tritt für die Alpenrepublik an.

Seine Leidenschaft für Darts fand der ehemalige Gastronom zweier Wiener Darts-Kneipen 1989 an der Elektro-Dartscheibe. Mit Softdarts feierte Suljović ebenfalls große Erfolge, wurde 1999 Weltmeister und gewann bei der E-Darts-Europameisterschaft 2012 alle fünf Wettbewerbe. Bei den Steeldarts trat Suljović, der einmal eine Darts-Schule eröffnen möchte, erstmals bei den Winmau Masters der BDO in Erscheinung und erreichte das Achtelfinale. Suljović hat sich in den vergangenen Jahren zu einem Topspieler entwickelt und erreichte bei etlichen PDC-Major-Turnieren das Halbfinale oder Finale. 2017 gewann er dann endlich mit der Champions League of Darts ein bedeutendes Turnier, als er im Finale Gary Anderson bezwang.

Über mehrere Jahre seiner jungen Karriere litt auch Suljović an Dartitis – ein eher psychologisches Problem, das die Spieler daran hindert, beim Wurf den richtigen Zeitpunkt des Loslassens zu erwischen. Diese Krankheit führte bei Suljović dann dazu, dass er einen sehr eigenen Wurfstil entwickelte: Der Pfeilschaft verschwindet fast vollständig in der Wurfhand des Österreichers, ehe sein Zeigefinger vor dem Ausholen des Arms mehrfach auf den Pfeil tippt. Ein nervös wirkender Bewegungsablauf, der den Durchbruch Suljovićs auf der Darts-Bühne allerdings nicht verhindern konnte. ◎

Info

Name: Mensur Suljović
Geburtstag: 5. März 1972 in Tutin, ehemaliges Jugoslawien (heute Serbien)
Nickname: The Gentle
Darts: 23 g Bull's Mensur Suljović
Wurfhand: rechts
Einlaufmusik: »Simply the Best« (Interpret: Tina Turner)
BDO: 1999 bis 2007
PDC: seit 2007
Titel: Champions League (2017)
PDC World Championships: Achtelfinale 2011, 2016, 2018

▼ Mensur Suljović am 11. Mai 2019 beim European Darts Grand Prix (Sindelfingen) auf Stippvisite in Deutschland

| Stars |

Info

Name: Steve Beaton
Geburtstag: 5. April 1964 in Coventry, England
Nickname: The Bronzed Adonis
Darts: 22g Winmau Steve Beaton
Wurfhand: rechts
Einlaufmusik: »Stayin' Alive« (Interpret: The Bee Gees)
BDO: 1991 bis 2001
PDC: seit 2001
Titel: BDO-Weltmeister 1996, The Masters 1993 (BDO)
PDC World Championships: Achtelfinale 2002, 2004, 2020

▶ Steve Beaton begrüßt am 20. Dezember 2018 im Londoner Alexandra Palace bei den William Hill World Darts Championships seine Fans

STEVE BEATON

Sportliches Multi-Talent

Als sich die besten Dartspieler 1993 aufmachten, die BDO zu verlassen und die spätere PDC zu gründen, blieb Steve Beaton zurück.

Plötzlich war er der Topspieler und das Aushängeschild der BDO, scheiterte aber zweimal in Folge in Runde eins der BDO-Weltmeisterschaften: 1994 und 1995. Ein Jahr später aber holte sich Beaton die BDO-WM. Nach seinem Wechsel 2001 zur PDC sollte er aber über die Rolle des »Ewigen Halbfinalisten« nicht hinauskommen. So wartet Beaton 20 Jahre nach seinem Übertritt weiter auf den ersten Major-Titel auf PDC-Ebene. Allerdings qualifizierte sich verbandsübergreifend auch kein Spieler häufiger für aufeinanderfolgende Weltmeisterschaften (30-mal). Vor allem weibliche Fans geraten bei dem Engländer schnell ins Schwärmen. Beaton pflegt einen Großteil seiner Lebenszeit auf Teneriffa zu verbringen, was dafür sorgt, dass er seit jeher über einen von der Sonne gebräunten Teint verfügt. Dies brachte ihm nicht nur den Spitznamen »The Bronzed Adonis« ein, er wird auch gerne mit Schauspieler Tom Selleck und dessen Rolle in der Serie »Magnum P.I.« verglichen.

Die Frauen hoffen allerdings vergeblich auf Zuwendung des »gebräunten Schönlings« – seit 1993 ist der Fußball-Fan seines Heimatvereins Coventry City mit Nanette verheiratet. In seiner Freizeit nimmt Beaton nicht nur an Wohltätigkeitsläufen teil, sondern verbringt auch Zeit auf dem Golfplatz (Handicap 9) oder beim Schwimmen.

Doch zurück zum Darts – 1991 war er besonders stolz: Erstmals spielte er für England beim British International Championship und wurde beim Sieg über Schottland gleich »Man of the Match«. Auch wenn ein ganz großer Triumph nun rund ein Vierteljahrundert auf sich warten lässt, darf man den Guiness-Bier- und Rotwein-Liebhaber nie ganz abschreiben: Bei der PDC-WM 2020 erreichte er wieder einmal das Achtelfinale und schlug auf dem Weg dahin James Wade. ◎

| Deutsche Stars |

DEUTSCHE

| Deutsche Stars |

Die deutschen Spieler sind angekommen in der internationalen Szene. Sie finden Anerkennung, feiern erste – zugegebenermaßen noch kleine – Erfolge. Max Hopp ist der wohl bekannteste unter ihnen. Das öffentliche Interesse ist groß, die Wettkämpfe erreichen im TV immer stärkere Einschaltquoten. Darts boomt und ein Ende des Hypes ist nicht abzusehen. Freuen wir uns auf weiterhin viele spannende Wettkämpfe – und vielleicht irgendwann auf einen deutschen PDC-Weltmeister ...

STARS

| Deutsche Stars |

GABRIEL CLEMENS
Riesenkerl, Riesenentwicklung

Nach seinem historischen WM-Coup gratulierte sogar der Ministerpräsident. Nachdem Gabriel Clemens den amtierenden Weltmeister Peter Wright sensationell mit 4:3 ausgeschaltet hatte und als erster Deutscher überhaupt in ein WM-Achtelfinale vorgerückt war, sprach ihm der saarländische Landesvater Tobias Hans seine Hochachtung aus.

Beinahe hätte das Märchen gar eine Fortsetzung gefunden, beim 3:4 gegen den Polen Krzysztof Ratajski fehlten bei sieben Matchdarts nur Millimeter zu einer weiteren Überraschung. Spätestens bei der WM 2021 hat sich gezeigt: Wenn sich der »German Giant« mit seinen imposanten 1,91 m und seiner stattlichen Figur vor einem aufbaut und nach einem gewonnenen Leg die Faust ballt, kann es schon einmal finster werden. Dies gilt aber selbstverständlich nur für seine Gegner. Der Saarwellinger tastet sich immer näher an die absolute Weltspitze heran und hat sich bei den Topstars nicht umsonst den Ruf als äußerst unangenehmer Kontrahent erarbeitet. Nicht erst beim German Darts Masters 2019 in Köln, bei dem sich Deutsche mit den Besten messen, ließ Clemens live im TV aufhorchen, als er nacheinander Raymond van Barneveld, Rob Cross und Mensur Suljović ausschaltete und sich erst im Finale gegen Peter Wright (6:8) geschlagen geben musste.

Talentiert und nervenstark

Nach seinem Wechsel zur PDC, für die er sich Anfang 2018 eine Tourcard erspielt hatte, benötigte der Saarländer kaum Anlaufzeit, erreichte im April schon sein erstes Halbfinale und wenige Wochen später gar als erster Deutscher überhaupt das Endspiel eines Players Championship Events, in dem er nur hauchdünn gegen Gary Anderson (5:6) unterlag. Zu Beginn des Jahres 2019 setzte er seinen Beruf als Schlosser aus und widmet sich seitdem als Profi seiner sportlichen Leidenschaft. Bei zwei weiteren Players Championship Events drang Clemens bis ins Finale vor, unterlag aber. Beim Grand Slam of Darts zog er überraschend als Gruppensieger ins Achtelfinale ein und ließ dort gegen Glen Durrant (9:10) einen Matchdart aus.

Auch 2020 knüpfte der »German Giant« an seine gute Entwicklung der Vorjahre an, erreichte das Achtelfinale der UK Open und schockte zum Auftakt des World Matchplay Titelvertei-

| Deutsche Stars |

diger Rob Cross (10:8). In vier Matches der Winter Series spielte er einen Average von insgesamt 109 Punkten. Weltklasse! An einem guten Tag kann Gabriel Clemens jeden schlagen. Und dass er nur auf sein Spiel achtet und die Punktzahlen der Gegner nahezu ausblendet, macht ihn so nervenstark auf die Doppelfelder.

Schon länger eilte Clemens der Ruf voraus, dass in ihm ein enormes Talent für den Dartsport schlummert. So wird ihm nachgesagt, dass er bis 2017 kaum trainiert und in der E-Darts-Bundesliga dennoch starke Leistungen gebracht habe, obwohl er daheim nicht einmal ein Board besaß. Dies passt zu Clemens, der 2001 über Geselligkeit zum Dartspielen kam. Früher traf sich »Gaga« regelmäßig mit Freunden, um der Triple-20 nachzujagen. Mit zunehmenden Erfolgserlebnissen entwickelte sich der Ehrgeiz,

Info

Name: Gabriel Clemens
Geburtstag: 16. August 1983 in Saarlouis
Nicknames: German Giant/ Gaga
Darts: 23 g Target
Wurfhand: rechts
Einlaufmusik: »Wonderwall« (Interpret: Oasis)
BDO: von 2008 bis 2018
PDC: seit 2018
Titel: /
PDC World Championship: Achtelfinale 2021

dem Hobby etwas ausführlicher nachzugehen. Harte Schale, weicher Kern: Abseits des Darts-Zirkus verbringt Clemens die meiste Zeit heute mit seiner Freundin Lisa und seiner Familie.

In der Ruhe liegt die Kraft

Die spektakuläre Show überlässt Clemens auf der Bühne anderen, auch ist er kein Mann der großen Worte und verzichtet auf polarisierende Kampfansagen. So schnell bringt ihn eben nichts aus der Ruhe. Deshalb sieht es »Gaga« auch gelassen, dass er Max Hopp, mit dem er gemeinsam für Deutschland beim World Cup of Darts 2020 den Halbfinaleinzug schaffte, im Oktober 2020 den Status als deutsche Nummer eins abgeluchst hat. Und er sieht es gelassen, dass er erst bei seiner dritten WM-Teilnahme aufhorchen ließ. Gut Ding will eben Weile haben. ◎

◀ Gabriel Clemens bei seinem überraschenden Sieg gegen Peter Wright bei der Weltmeisterschaft am 27. Dezember 2020

| Deutsche Stars |

NICO KURZ
Darts in den Genen

Eigentlich schien der Weg von Nico Kurz in die Welt des Darts vorgezeichnet zu sein.

Beide Eltern gehörten zu den erfolgreichsten E-Dartspielern des Landes, in der Wohnung in Nidderau gab es für das Pfeilewerfen gar ein eigenes Zimmer. Und was machte der kleine Nico? Er spielte lieber Fußball.

Erst als der Eintracht-Frankfurt-Fan kurz vor seinem 17. Geburtstag ein Darts-Match im Fernsehen verfolgte, juckte es ihn dermaßen in den Fingern, dass er zu den Pfeilen griff. Definitiv keine schlechte Entscheidung! Dass Kurz das Talent durchaus in die Wiege gelegt wurde, zeigte er nicht zuletzt bei seiner Premiere im Ally Pally bei der WM 2020, als er völlig überraschend unter die besten 32 kam. In seinem ersten Match auf der ganz großen Bühne gelangen ihm gegen James Wilson gleich acht perfekte Darts. Auch beim Zweitrundenerfolg gegen Joe Cullen stellte er seine große Stärke unter Beweis: In Drucksituationen die Ruhe zu bewahren. Dies gelang ihm auch, als er sich über die Super League im Juni zum zweiten Mal in Folge für die WM 2021 qualifizierte, wo er Gabriel Clemens beim 1:3 in der zweiten Runde mit spektakulären High-Finishs in Bedrängnis brachte.

In seiner Vita: Sieg gegen Anderson

Schon mit einem Sieg über Gary Anderson bei den German Darts Masters 2019 – einem Turnier, bei dem sich die besten Deutschen mit den besten Topstars messen – hatte Kurz bewiesen, dass er keine Angst vor großen Namen hat. Den Schritt zum Vollprofi wagt der bodenständige Hesse, der hauptberuflich als Industriemechaniker bei den Stadtwerken Hanau arbeitet, bislang aber (noch) nicht. Sein Ziel? Häufiger mal bei großen Turnieren zu spielen. Das Zeug dazu hätte er allemal!

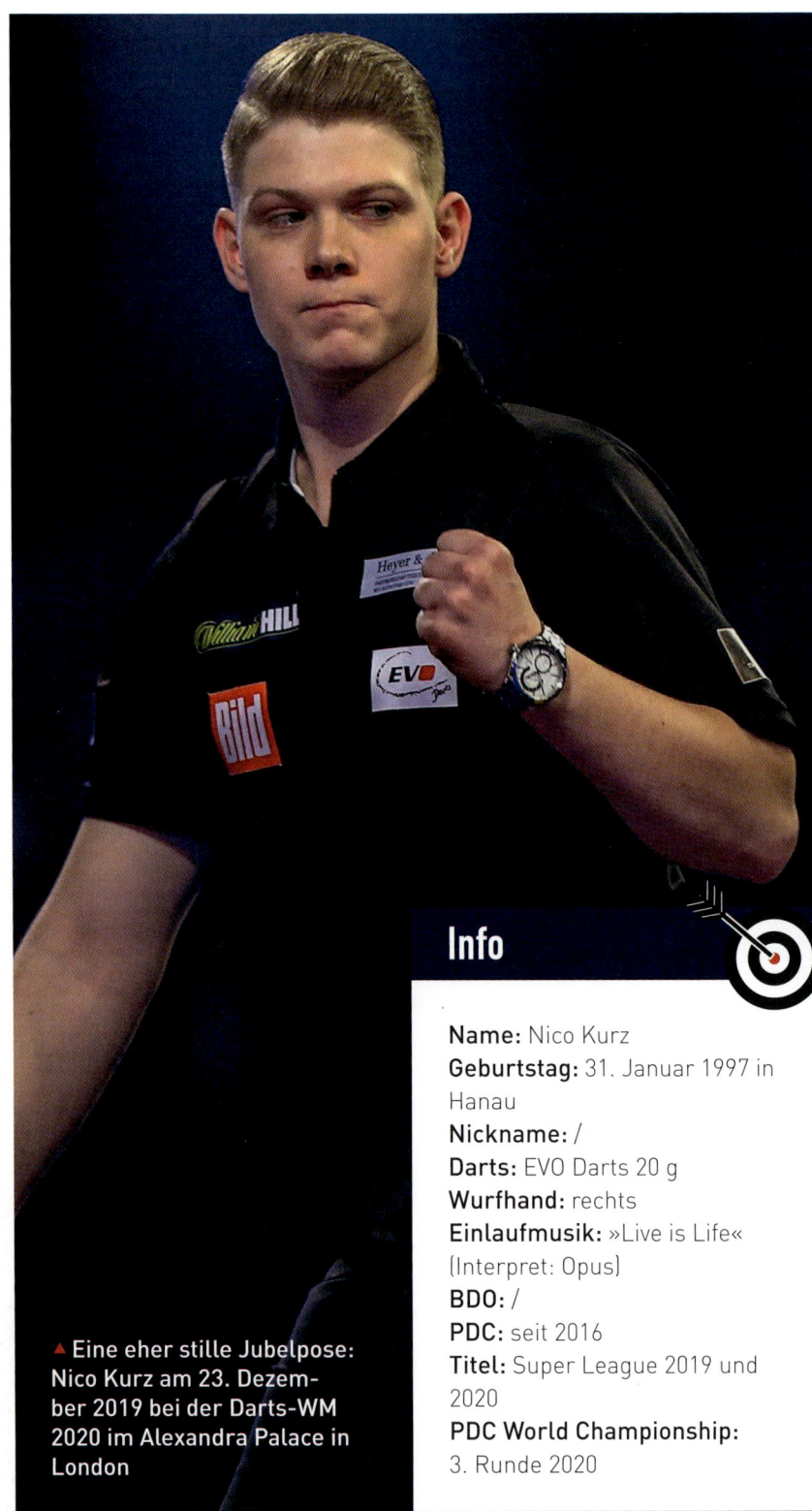

▲ Eine eher stille Jubelpose: Nico Kurz am 23. Dezember 2019 bei der Darts-WM 2020 im Alexandra Palace in London

Info

Name: Nico Kurz
Geburtstag: 31. Januar 1997 in Hanau
Nickname: /
Darts: EVO Darts 20 g
Wurfhand: rechts
Einlaufmusik: »Live is Life« (Interpret: Opus)
BDO: /
PDC: seit 2016
Titel: Super League 2019 und 2020
PDC World Championship: 3. Runde 2020

| Deutsche Stars |

Info

Name: Martin Schindler
Geburtstag: 16. August 1996 in Strausberg
Nickname: The Wall
Darts: 23 g Bulls NL
Wurfhand: rechts
Einlaufmusik: »Byte« (Interpret: Martin Garrix ft. Brooks)
BDO: von 2014 bis 2015
PDC: seit 2015
Titel: /
PDC World Championship: 2. Runde 2018 und 2019

▲ Martin Schindler beim Betway World Cup of Darts am 2. Juni 2018 in Frankfurt. Der gebürtige Strausberger kann in seiner Vita auf einen Erfolg über den damaligen Weltranglistenersten Michael van Gerwen verweisen

MARTIN SCHINDLER

Von der Schule ans Board

No risk, no fun! Als es nach der Schule mit dem Dartspielen sehr gut lief, entschloss sich Martin Schindler dazu, alles auf die Karte Profi zu setzen.

Seit 2017 ist er fester Bestandteil der PDC-Tour. Als deutsche Nummer zwei erreichte er 2017 und 2018 an der Seite von Max Hopp zweimal das Viertelfinale beim World Cup of Darts, bei der U 23-WM, der World Youth Championship 2018, war nur Dimitri Van den Bergh im Finale eine Nummer zu groß. In der Order of Merit spielte er sich in den Dunstkreis der besten 32.

Nach zwei starken Jahren hatte »The Wall«, eine Anspielung auf die Berliner Mauer, die damals unweit von seiner Heimatstadt Strausberg in Brandenburg verlief, zuletzt mehr zu kämpfen. Die Corona-Pandemie tat 2020 ihr Übriges, Schindler ist als Asthmatiker Teil der Risikogruppe und besonders gefährdet. Zum zweiten Mal hintereinander blieb ihm bei der WM 2021 die Zuschauerrolle. Dass er aber über enormes Talent verfügt, ließ er immer mal wieder aufblitzen wie bei der World Series im Juli 2019, als er den damaligen Weltranglistenersten Michael van Gerwen nach einer emotionalen Aufholjagd noch schlug.

Nachdem Schindler während der WM-Übertragungen früher zu Hause immer sehr passables Darts gespielt hatte, meldete sein Vater ihn im Alter von 15 Jahren bei einem Sportverein an.

Unterhaltsam und geradeheraus

Schindler ist der Entertainer unter den deutschen Profis. Bei YouTube geht der begeisterte Gamer nicht nur auf Videospiele ein, sondern nimmt auch einmal gerne den Wurfstil seiner Kollegen liebevoll auf die Schippe. Mit seiner berlin-brandenburgischen Schnauze nimmt er zudem nur ungern ein Blatt vor den Mund. ◉

MAX HOPP
Warten auf den großen Wurf

Die Familie treibt den »Maximiser« buchstäblich zum Maximum. Nicht nur sein Vater begleitet Max Hopp seit jeher als Fels und wichtigste Vertrauensperson bei vielen Turnieren. Wenn die größte deutsche Darts-Hoffnung am Oche die Doppel- und Triplefelder anvisiert, sind alle seine Liebsten immer ganz dicht bei ihm.

Denn in seinem Darts-Case auf einem Tisch nur wenige Meter hinter ihm befindet sich nicht nur sein Equipment, sondern auch Fotos der für ihn wichtigsten Menschen. Wenn Hopp also mit dem Rücken zur Wand steht oder einfach nur dringend eine gute Aufnahme benötigt, reicht die Berührung dieses Mäppchens, und er ist wieder vollkommen fokussiert.

Der Liebe wegen hat Hopp schon im Teenageralter seine hessische Heimat Idstein verlassen und gegen das ländliche Kottengrün in Sachsen eingetauscht. Wenn er einmal zu Hause ist, an etwa 100 Tagen im Jahr, kann Hopp hier vom ganzen Trubel im Darts-Zirkus abschalten. Hobbys nachgehen wie dem Mountainbiken, Kochen oder Spaziergängen in der Natur. Oder eben für seine kleine Familie da zu sein. Seine langjährige Lebensgefährtin Christin, zehn Jahre älter als er und ebenfalls Dartspielerin, lernte Hopp – wie sollte es auch anders sein – auf einem Turnier kennen und lieben. Für ihren 15-jährigen Sohn Justin ist Hopp bester Freund und Vaterfigur in einer Person. Er sei schon immer weiter gewesen als die Jungs in seinem Alter, sagte Hopp einmal. Dennoch verlief die bisherige Karriere des designierten deutschen Helden ähnlich hügelig wie die heimatliche Landschaft im Vogtland nahe der tschechischen Grenze. Seine Frühreife, gepaart mit einem Berg an Talent, hat Hopp in den vergangenen Jahren zum Aushängeschild des deutschen Darts werden lassen. Als die Begeisterung für den Dartsport in Deutschland allmählich wuchs, war der gebürtige Wiesbadener da und befeuerte das Fieber mit seinen Fähigkeiten weiter. Mit keinem anderen Gesicht wird der Sport auf nationaler Ebene mehr in Verbindung gebracht, an keinem anderen Namen hängen mehr Hoffnungen einer gesamten Nation auf eine rosige Darts-Zukunft.

Der jüngste Juniorenchampion

Dies erzeugte eine gewisse Erwartungshaltung. Heftigen Druck, den Hopp immer wieder zu spüren bekommt, und den er in richtungsweisenden Duellen bislang selten gewachsen zu sein schien. Erst recht nicht bei der WM, wo er bislang noch keine zwei Spiele in Folge gewann und aus dem »Maximiser« stets ein »Minimiser« wurde. 2015 gegen Mervyn King (3:2), als Hopp zehnmal eine 180 warf, und 2017 gegen Vincent van der Voort (3:1) gelangen ihm zum Auftakt überraschende wie überzeugende Siege.

Anstatt auf der Euphoriewelle aus der Heimat zu surfen, brach sein Average im folgenden Match jeweils dramatisch ein, und er holte nicht einen einzigen Satz. 2019 und 2020 waren die Voraussetzungen anders. Nach Favoritensiegen zum Auftakt war er 2019 gegen van Gerwen (1:4) chancenlos, 2020 verpasste er hochfavorisiert gegen den Litauer Darius Labanauskas (2:4) die

> »Max Hopp has a good style, lovely throw.«
>
> **Phil Taylor**
>
> Frei übersetzt: Max Hopp hat einen guten Stil, einen schönen Wurf.

historische Chance, als bis dahin erster Deutscher ins Achtelfinale einzuziehen.

Enttäuschende Niederlagen für Hopp, keine Frage, aber kein Grund zur Panik. Fast gebetsmühlenartig, wie eine Art Mantra, betont er öffentlich immer wieder: »Ich weiß es, meine Zeit wird kommen.« Eines Tages werde er bei der WM im Finale stehen. Ins Endspiel der PDC World Youth Championship, der U 23-Weltmeisterschaft, schaffte es Hopp zumindest längst. Dort krönte er sich 2015 gegen Nathan Aspinall (6:5) mit 19 zum jüngsten Juniorenchampion der Geschichte. Während der fünf Jahre ältere Aspinall heute aber etablierter Top-Ten-Spieler ist, steht bei Hopp dieser Schritt weiter aus.

Womöglich sind es auch die Geister, die Hopp rief, als er sich am 15. Dezember 2012 schon im Alter von nur 16 Jahren, drei Monaten und 25 Tagen als zweitjüngster Teilnehmer einer PDC-WM in die Geschichtsbücher eintrug. Vier Jahre zuvor hatte er sich bei einer Darts-Übertragung in den Kopf gesetzt, auch unbedingt einmal auf der Bühne des Ally Pally stehen zu

| Deutsche Stars |

wollen. Der erste Sieg bei einem großen Jugendturnier mit 13 Jahren war die Eintrittskarte für erste internationale Wettkämpfe. Nach seinem Erfolg bei der WDF-Jugend-Europameisterschaft 2012 in Antwerpen war es Zeit für sein WM-Debüt. Nach einem 4:1 nach Legs in der Vorrunde gegen den Südafrikaner Charl Pietersen schlug er sich beim 2:3 gegen den Engländer Denis Ovens ebenfalls mehr als passabel. Hopp galt nun auch medial als das deutsche Darts-Wunderkind, das Versprechen für die Zukunft.

Auf und nieder, immer wieder

Doch dieses bröckelte immer mal wieder. Zwar gelang Hopp, der einst seine Ausbildung als Groß- und Außenhandelskaufmann für die Darts-Karriere abbrach und vier Fremdsprachen spricht, beim European Darts Matchplay 2016 in Hamburg als erster Deutscher überhaupt der Sprung ins

◀ Ja, so lange ist er schon Teil der Darts-Szene: Max Hopp bei der European Darts Trophy 2013 in Sindelfingen

| Deutsche Stars |

Info

Name: Max Hopp
Geburtstag: 20. August 1996 in Wiesbaden
Nickname: Maximiser
Darts: 22 g Bulls NL
Wurfhand: rechts
Einlaufmusik: »Hey Baby« (Interpret: DJ Ötzi)
BDO: 2011 bis 2012
PDC: seit 2012
Titel: PDC World Youth Championship 2015
PDC World Championship: 3. Runde 2019, 2020

> Viertelfinale bei einer Veranstaltung der European Tour. Doch im Folgejahr leistete sich Hopp so viele unnötige Schwächen, dass er erstmals seit seinem Debüt wieder eine WM aus der Entfernung verfolgen musste.

2018: Siege gegen die Superstars

Also drückte er Anfang 2018 den Reset-Knopf, arbeitete an seiner Ernährung, seiner Fitness und vor allem seiner Coolness. Richtig nervös wird Hopp nur noch selten. Oder er versucht es zu überspielen, wenn er häufiger mal mit dem Publikum oder – in der Corona-Zeit – mit der Kamera schäkert. Dies schlug sich auch in den Ergebnissen nieder, 2018 sollte das bislang beste Jahr des »Maximisers« werden. Beim German Darts Grand Prix 2018 in München drang Hopp im April erstmals seit zwei Jahren wieder in ein Viertelfinale vor. Zwei Wochen später triumphierte er sogar völlig überraschend bei den German Darts Open in Saarbrücken und räumte auf dem Weg zu seinem ersten Profi-Turniersieg Superstars wie Rob Cross, Peter Wright und im Finale Michael Smith aus dem Weg. Im September 2018 folgte beim Turnier in Dublin sein erster Erfolg auf der Pro Tour. Mit dem Erreichen des Halbfinals beim European Darts Championship im Oktober in Dortmund, wo er gegen James Wade sogar Matchdarts ausließ, schaffte es erstmals ein deutscher Spieler unter die besten Vier eines Major-Turniers.

2019 konnte Hopp, der in Richtung Saisonhöhepunkt gerne einmal vier bis sechs Stunden am Trainingsboard steht, nicht mehr ganz an sein Erfolgsjahr anknüpfen. Mit 119,2 Punkten im Schnitt stellte er im Oktober aber mit seinem Average einen neuen deutschen Rekord auf. Bis zur WM 2020 arbeitete sich Hopp in der Order of Merit bis auf Platz 24 vor – so hoch wie nie ein Deutscher zuvor. Doch auch durch den Ausbruch des Pfeifferschen Drüsenfiebers im Februar 2020 verlor er viele Weltranglistenpositionen und seinen Status als deutsche Nummer eins. Dies soll aber nur eine Momentaufnahme sein, denn auf eine Talsohle folgte auf seiner ganz persönlichen Berg- und Talbahn bislang noch immer ein steiler Aufstieg. ◉

| Deutsche Stars |

MICHAEL UNTERBUCHNER
Auf dem Sprung in die PDC

Michael Unterbuchner war schon da, wo alle deutschen Spieler einmal hinwollen.

Im Jahr 2018 erreichte der Münchner komplett aus dem Nichts das WM-Halbfinale und wiederholte das Kunststück sogar im darauffolgenden Jahr – allerdings im kaum beachteten und weniger hochkarätig besetzten Verband BDO.

BDO hin, BDO her: Unterbuchner hat eindrucksvoll gezeigt, welches Potenzial in ihm schlummert. Für die BDO-WM schnappte sich »T-Rex«, wie er aufgrund seiner unorthodoxen Wurfhaltung genannt wird, bei einem Qualifikationsturnier unter 291 Teilnehmern einen von nur vier ausgespielten Startplätzen. Bei der WM gewann er dann schließlich als erster Deutscher überhaupt ein Match bei einer BDO-WM – und ließ bekanntlich weitere folgen. Im folgenden Kalenderjahr, bei dem er alle wichtigen BDO-Wettbewerbe spielte, gelang ihm nicht nur der Turniersieg bei den Swiss Open. Er spielte ein so überzeugendes Jahr, dass er im September 2018 als erster Deutscher die unabhängige Weltrangliste des Weltverbands WDF anführte.

Dass sich Unterbuchner, der mit 16 Jahren über Freunde erst zum E-Darts kam und dann im Jahr 2012 zum Steeldarts wechselte, mit entsprechender Form auch bei der PDC behaupten könnte, zeigte er beim folgenden World Cup of Darts. Nach Siegen gegen die beiden Top-Ten-Spieler Ian White und James Wade scheiterte »T-Rex« erst in der Runde der letzten Acht am zweimaligen Weltmeister Gary Anderson.

2020 war Unterbuchner ein fester Platz in der PDC via Q-School, einer alljährlich stattfindenden Qualifikationsveranstaltung, noch nicht vergönnt. 2021 erspielte er sich dann aber die heißbegehrte Tourcard. Von nun an kann Unterbuchner bei der PDC zeigen, was in ihm steckt. Schließlich weiß er, wie es geht.

Michael Unterbuchner am 15. November 2018 während des Grand Slam of Darts in Wolverhampton, England

Info

Name: Michael Unterbuchner
Geburtstag: 23. Mai 1988 in München
Nickname: T-Rex
Darts: 21 g Jochen Weißmann
Wurfhand: rechts
Einlaufmusik: »High Hopes« (Interpret: Panic! At the Disco)
BDO: 2017 bis 2020
PDC: seit 2020
Titel: /
PDC World Championship: /

RENÉ EIDAMS / KEVIN MÜNCH
Highlights der Außenseiter

Weltmeister waren Michael van Gerwen und Adrian Lewis schon – und nach WM-Auftaktmatches gegen bis dahin völlig unbekannte Deutsche auch um eine Erkenntnis reicher. So schnell werden sie die Namen René Eidams und Kevin Münch vermutlich nicht mehr vergessen …

Am 18. Dezember 2015 rechnete »MvG« mit einem leichten Aufgalopp, es wurde beinahe eine der größten Sensationen der WM-Geschichte. Gegen Eidams, keine zwei Jahre zuvor erst von E-Darts auf Steeldarts umgestiegen und Betreiber eines Dartshops im Internet, schien zunächst alles nach Plan zu laufen.

Ovationen und Sprechchöre
Van Gerwen führte 2:0 nach Sätzen, doch dann drehte »The Cube« auf, checkte im dritten Satz dann erst eine 122 zum Break und gewann dann fünf der folgenden sechs Legs zum Satzausgleich. Der Entscheidungssatz ging in die Verlängerung, schließlich spielte der verblüffte van Gerwen seine Routine aus, doch die Ovationen und Sprechchöre gehörten allein Eidams.

Münch galt mal als das größte Talent
Fast auf den Tag genau zwei Jahre später ging Münch, früher größter Nachwuchshoffnung des DDV, am 19. Dezember 2017 sogar einen Schritt weiter. Beim 3:1 gegen Lewis, damals Nummer sieben der Welt, spielte der Bochumer das Match seines Lebens. »The Dragon« warf achtmal die 180, checkte mehrere Highfinishs und knackte den »Jackpot«, indem er zwei Sätze zu Null gewann. In der 2. Runde war von der Magie allerdings nichts mehr zu spüren, Münch verlor gegen den Spanier Toni Alcinas mit 1:4.

Info

Name: René Eidams
Geburtstag: 9. Mai 1989 in Hagen
Nickname: The Cube
Darts: 23 g Target Storm Black
Wurfhand: rechts
Einlaufmusik: »Rama Lama Ding Dong« (Interpret: Rocky Sharpe & The Replays)
BDO: /
PDC: seit 2014
Titel: Super League 2015
PDC World Championship: 1. Runde 2016

Info

Name: Kevin Münch
Geburtstag: 27. Juli 1988 in Herne
Nickname: The Dragon
Darts: 23 g Bulls
Wurfhand: links
Einlaufmusik: »It's My Life« (Interpret: Bon Jovi)
BDO: von 2004 bis 2011, von 2014 bis 2015
PDC: von 2011 bis 2013, seit 2015
Titel: Super League 2011 und 2017
PDC World Championship: 2. Runde 2012 und 2018

◀ Fast ein Heimspiel: René Eidams am 7. Dezember 2019 bei der World Darts Gala in der Westfalenhalle Dortmund

▶ 27. Dezember 2017, großer Auftritt im Mekka des Darts: Kevin Münch bei der Weltmeisterschaft im Ally Pally

| Impressionen |

▶ Superstar Michael van Gerwen am 24. Januar 2020 kurz vor dem Betreten der Bühne in Den Bosch, seiner niederländischen Heimat

| Legenden |

Darts ist verbindend, vereinigend, die Namen verdienter Spieler werden in der internationalen Szene bewusst hochgehalten. Nur ein Beispiel: Sieg-Trophäen wichtiger Turniere tragen Namen früherer Champions, etwa Eric Bristow oder Phil Taylor. Sie beide gelten als Legenden schlechthin, ihre Verdienste liegen nicht nur in der Anzahl ihrer Siege, sondern auch darin, dass durch sie Darts megabekannt wurde. In diesem Kapitel werden die größten Legenden vorgestellt.

DARTS-
LEGENDEN

| Legenden |

| Legenden |

ERIC BRISTOW
Der erste echte Superstar

Peter Wright brach in den Armen seines Gegenspielers Daryl Gurney zusammen. Soeben hatten die beiden Topspieler während ihres Duells im Rahmen der PDC Premier League erfahren, dass Eric Bristow mutmaßlich verstorben war.

Ein Bild von Bristow, flankiert von den Informationen »1957 – 2018«, erschien auf der Anzeigetafel der Echo Arena von Liverpool. Und tatsächlich: Vollkommen überraschend war Eric Bristow, gerade selbst noch beim Event in der Liverpooler Sportarena zugegen, auf dem Weg zu seinem Auto mit einem Herzinfarkt zusammengebrochen und schließlich verstorben.

»Eric wird immer eine Legende in der Welt des Darts und des britischen Sports sein. Er war ein großartiger Spieler und ein großer Charakter und selbst nach seinem Karriereende reisten Fans kilometerweit, um ihn zu treffen und ihn spielen zu sehen«, kondolierte der PDC-Vorsitzende Barry Hearn kurz nach Bristows Ableben.

Member of the British Empire

In den Achtziger Jahren hatte Eric Bristow die Welt des Darts dominiert, war zwischen 1980 und 1987 die Nummer eins der Weltrangliste und gewann in dieser Zeit fünf Weltmeister-Titel der British Darts Organisation. Bristow zeichnete sich durch enormes Selbstbewusstsein aus, das nicht selten in Arroganz mündete, zudem hatte er ein recht loses Mundwerk und scheute auch die Konfrontation mit dem Publikum nicht. Bekannt wurde Bristow in einer Zeit, in der das britische Fernsehen auf den Sport mit den Pfeilen aufmerksam wurde auch durch seinen eigenwilligen Wurfstil, bei dem er den kleinen Finger der rechten Wurfhand stark abspreizte. Es heißt, Bristow habe Darts von der Kneipe ins Fernsehen gebracht.

▲ So behalten ihn die Fans in Erinnerung: Eric Bristow, mehrfacher Titelträger der BDO World Championship

Niederlage gegen seinen Zögling

1989 wurde ihm eine besondere Ehre zuteil: Für seine Verdienste um den britischen Darts-Sport wurde er von der Queen Mum zum »Member of the British Empire«, eine der höchsten Auszeichnungen Großbritanniens, vergleichbar mit dem deutschen Bundesverdienstkreuz, ernannt und führte fortan das Kürzel »MBE« in seiner Namenszeile. Bristow scheute sich nicht, weiterhin großen Einfluss auf seine Sportart zu nehmen. 1990 erkannte er in seiner Kneipe »The Crafty Cockney«, welches auch sein Darts-Spitzname war, das Talent von Phil Taylor und sponserte den späteren Rekord-Weltmeister mit 10.000 britischen Pfund, damit dieser sich vollends auf das Pfeilewerfen konzentrieren konnte. Ob er

| Legenden |

es Monate später zumindest kurzzeitig bereute? Im Finale der BDO Championship verlor er ausgerechnet gegen seinen Zögling mit 1:6 und verpasste so seinen sechsten WM-Titel.

Doch die Bedeutung von Bristow, der seine Schulzeit nach der sechsten Klasse abgebrochen hatte, auf den Darts-Sport war damit noch nicht beendet. 1993 spaltete er sich gemeinsam mit 15 weiteren Spielern von der BDO ab. Gemeinsam gründeten sie den World Darts Council, der später in der PDC mündete. Auch weil Bristow sofort für einen TV-Sender als unterhaltsamer Experte die Turniere der Professional Darts Corporation begleitete, lief die PDC der BDO im Laufe der Jahre den Rang als wichtigster Darts-Verband ab. 1997 erreichte Bristow dann sogar nochmal ein WM-Halbfinale, verlor bei den PDC World Championships aber abermals gegen Taylor. Seine Karriere beendete er 2007 mit über 70 Turniersiegen als Profi.

»There's only one Eric Bristow« (übersetzt: Es gibt nur einen Eric Bristow), sangen die Darts-Fans am 5. April 2018 spontan in Liverpool und erhoben sich von ihren Sitzen, während sich Wright und Gurney mit Tränen in den Augen in den Armen lagen ... ◉

▼ Da ist das Ding: Eric Bristow präsentiert am 13. Januar 1985 nach seinem Erfolg gegen John Lowe im »World-Professional-Darts-Championship-Final« die soeben errungene Trophäe

»Ever since I've been 16, 15, that's all I've been doing: playing darts.«

Eric Bristow

Frei übersetzt: Seit ich 16 oder 15 Jahre alt bin habe ich nichts anderes gemacht als Darts zu spielen.

Info

Name: Eric John Bristow, MBE
Geburtstag: 25. April 1957 in Hackney/London, England (gestorben 5. April 2018, Liverpool, England)
Nickname: The Crafty Cockney
Darts: 22 g Harrows Eric Bristow
Wurfhand: rechts
Einlaufmusik: »Rabbit« (Interpret: Chas & Dave)
BDO: 1976 bis 1993
PDC: 1993 bis 2007
Titel: BDO World Championship 1980, 1981, 1984, 1985 und 1986, BDO World Masters 1977, 1979, 1981, 1983, 1984
PDC World Championship: Halbfinale 1997

| Legenden |

DENNIS PRIESTLEY
Taylors Rivale und Freund

Info

Name: Dennis Priestley
Geburtstag: 16. Juli 1950 in Mexborough, Yorkshire, England
Nickname: The Menace
Darts: 17 g Winmau
Wurfhand: rechts
Einlaufmusik: »Hell Raiser« (Interpret: The Sweet)
BDO: von 1989 bis 1993
PDC: von 1993 bis 2014
Titel: BDO-Weltmeister 1991
PDC World Championship: Sieger 1994

▸ Dennis Priestley, der erste PDC-Weltmeister, auf einer Aufnahme vom 19. Dezember 2012

Einer kam Phil Taylor zuvor: Auch wenn »The Power« anfangs in der PDC fast überall triumphierte, ging der allererste WM-Titel 1994 an Dennis Priestley.

Schon drei Jahre zuvor hatte »The Menace«, wie er sich in Anlehnung an eine englische Comicfigur nannte, bei der BDO das Kunststück vollbracht, in seinem ersten Versuch Weltmeister zu werden – und dabei auch Taylor aus dem Weg zu räumen.

Beide pflegten über Jahre hinweg eine große Rivalität, allerdings auf freundschaftlicher Ebene. Wichtige Matches zwischen Priestley und Taylor entwickelten sich zu Evergreens. Die Kraftverhältnisse verschoben sich jedoch. Bis 2000 standen sie sich noch in vier weiteren WM-Finalduellen gegenüber, doch nie wieder sollte es Priestley gelingen, Taylor zu stürzen – auch wenn er 1996 als erster Spieler in einem Finale einen Average von über 100 Punkten spielte. Taylor adelte »seinen Seelenverwandten« später, dass er der beste Spieler gewesen sei, dem er je gegenüberstand.

Aus finanzieller Sicht konnte es der Vater von vier Kindern verschmerzen: Beide hatten tatsächlich zwischen 1994 und 2000 ein Abkommen ausgehandelt, das gewonnene Preisgeld zu teilen, um beiden ein gutes Leben zu ermöglichen. Mit Ende dieses Deals konnte die frühere Nummer eins nur noch selten an alte Erfolge anknüpfen, erholte sich aber immer wieder von schweren Rückschlägen. 2003 hatte er Probleme mit seinem Sehvermögen, im November 2007 erkrankte er an Prostatakrebs. Priestley kam zurück und spielte weiter auf beachtlichem Niveau.

Bis kurz vor seinem 40. Geburtstag hatte der frühere Kohleverkäufer nie an einem professionellen Darts-Wettkampf teilgenommen. Eilig hatte es Priestley auch am Oche nicht, vor seinen Würfen konzentrierte er sich aufreizend lange, was schnell zu seinem Markenzeichen wurde. 2015 erklärte er schließlich seinen Rücktritt. ◉

| Legenden |

JOHN PART
Doppel-Weltmeister aus Übersee

Zwischen 1995 und 2006 verlor Phil Taylor nur ein einziges WM-Match: das Finale 2003 gegen John Part. Er sei die typische Nummer zwei gewesen, blickte der Kanadier einmal zurück.

Zu dieser Zeit sei jeder Gedanke an einen Sieg gegen Taylor utopisch gewesen. Part schlug ihn in einem 7:6-Krimi dennoch und durfte, wie schon bei der BDO 1994, als erste Spieler nicht-britischer Herkunft den WM-Pokal in der PDC entgegennehmen – bis heute ist er der einzige Nicht-Europäer.

2008 wiederholte er gar seinen Coup im Finale gegen Kirk Shepherd (7:2). Schon vor dem Match erfüllte sich der glühende Star-Wars-Fan, der sich den Spitznamen »Darth Maple« gab, einen großen Traum, indem er beim Walk-On gemeinsam mit aus der Filmreihe bekannten Figuren wie Chewbacca oder Prinzessin Leia in

▲ Deutschlandbesuch: John Part am 31. März 2013 bei seinem Auftritt bei der European Darts Trophy in Sindelfingen

den Ally Pally einlief. Der Jahreshöhepunkt lag Part einfach, bei anderen Major-Turnieren hatte der großgewachsene Nordamerikaner einen schweren Stand. Zwischen 2002 und 2005 unterlag er bei insgesamt fünf Endspielen, ehe er 2006 beim früheren Desert Classic Raymond van Barneveld (6:3) besiegte.

Zweites Standbein: TV-Experte

Einen Umweltpreis wird Part für seine Karriere nicht erhalten haben. Um an allen Turnieren teilnehmen zu können, pendelte er regelmäßig zwischen seiner Heimat Kanada und England und häufte jährlich weit mehr als 200.000 Flugkilometer an. Der Grundstein seiner Laufbahn wurde unterm Christbaum gelegt, als er 1987 von seinen Eltern ein Dartboard geschenkt bekam.

Nachdem er zunehmend von der Bildfläche verschwand, kam Part bei den UK Open 2018 tatsächlich noch einmal unter die besten Acht. Heute spielt er aber nur noch gelegentlich, als Experte im englischen Fernsehen hat sein Wort aber nach wie vor Gewicht.

Info

Name: John Part
Geburtstag: 29. Juni 1966 in Toronto, Kanada
Nickname: Darth Maple
Darts: 23 g Unicorn
Wurfhand: rechts
Einlaufmusik: »The Imperial March« (aus Star Wars)
BDO: von 1993 bis 1997
PDC: seit 1997
Titel: BDO-Weltmeister 1994, Desert Classic 2006
PDC World Championship: Sieger 2003, 2008

| Legenden |

BERND HEBECKER
Profi. Präsident. Vielspieler

Schon vor Hopp, Clemens und Co. wurde in Deutschland Darts auf hohem Niveau gespielt. Als erster deutscher Profi ging Bernd Hebecker in die Geschichte ein. 1993 stand der Bremer als erster Spieler der Bundesrepublik im Teilnehmerfeld einer WM.

Eigentlich war Hebecker dem Handball verfallen. Doch nachdem der Wirt seiner damaligen Stammkneipe eines Tages eine Scheibe aus Pappe in seinem Lokal platziert hatte, drehte sich alles nur noch um Darts. Neben seinem zeitaufreibenden Beruf als Anästhesie-Assistent im Krankenhaus verbrachte er nahezu jede freie Minute am Trainingsboard. Zu Beginn der Achtziger stellten sich schnell nationale Erfolge ein, die ihm einen Platz in der ersten Nationalmannschaft einbrachten. 1984 leitete er als Deutscher Meister zudem als Präsident die Geschicke des Deutschen Dart-Verbandes. Auch international ließ er aufhorchen. Beim Europe Cup 1992 landete der Familienvater hinter Phil Taylor und dem dreimaligen BDO-Champion John Lowe sogar auf dem dritten Platz. Bei der folgenden BDO-WM hatte er gegen den Dänen Jann Hoffmann

▲ Wegbereiter: Bernd Hebecker gilt als deutscher Darts-Pionier, nahm 1993 als erster Spieler der Bundesrepublik an einer Weltmeisterschaft teil

Info

Name: Bernd Hebecker
Geburtstag: 5. Oktober 1955 in Bremen
Wurfhand: rechts
BDO: von 1992 bis 2000
Erfolg: 3. Platz beim Europe Cup 1992

(0:3) seine Nerven aber nicht im Griff, blieb mit seinem Average unter 70.

Von Turnier zu Turnier
Eric Bristow hatte tröstende Worte übrig: »Ich bin in meinem ersten Spiel auch zu Null rausgegangen.« Für ein Engagement bei der neu gegründeten WDC, aus der später die PDC wurde, konnte Bristow seinen deutschen Kollegen dennoch nicht begeistern, da er keine Turniere in Deutschland mehr hätte spielen können. Stattdessen tingelte der deutsche Darts-Pionier mit Unterstützung eines Sponsors zwischen 1996 und 2000 auf der BDO-Tour von Turnier zu Turnier.

Verdienste für das Darts
Das Leben aus dem Koffer hatte aber auch Schattenseiten. Hebecker fühlte sich ausgebrannt, seine erste Ehe zerbrach. Fünf Jahre lang nahm er gar keinen Pfeil in die Hand. Nach gesundheitlichen Problemen befindet sich Hebecker mittlerweile im Ruhestand, seine Verdienste für das Darts hierzulande bleiben gegenwärtig. ◎

| Legenden |

ANDREAS KRÖCKEL
Der Abonnement-Meister

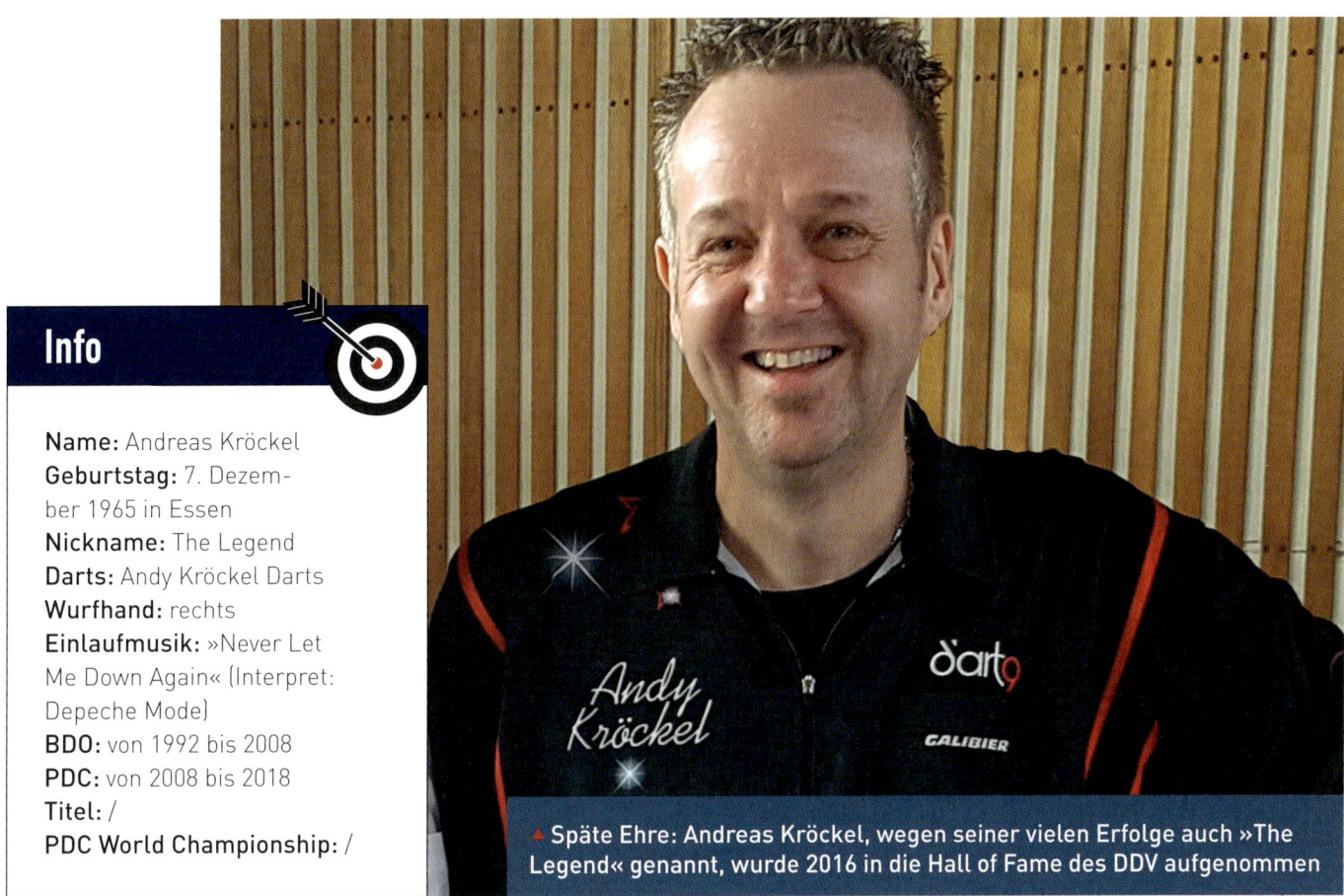

Info

Name: Andreas Kröckel
Geburtstag: 7. Dezember 1965 in Essen
Nickname: The Legend
Darts: Andy Kröckel Darts
Wurfhand: rechts
Einlaufmusik: »Never Let Me Down Again« (Interpret: Depeche Mode)
BDO: von 1992 bis 2008
PDC: von 2008 bis 2018
Titel: /
PDC World Championship: /

▲ Späte Ehre: Andreas Kröckel, wegen seiner vielen Erfolge auch »The Legend« genannt, wurde 2016 in die Hall of Fame des DDV aufgenommen

Über eine besondere Erinnerung kann Andreas Kröckel mittlerweile schmunzeln. 1995 spielte Kröckel, den in der Dartsszene alle nur »Andy« rufen, Peter Wright nahezu in Grund und Boden.

Vor seinem Matchdart spürte er aber eine Hand auf seiner Schulter. Es war die eines Offiziellen, der ihn disqualifizierte, weil er eine Jeans – und keine Anzughose – trug.

Duelle mit den Großen der Zunft waren für Kröckel, erster deutscher Gewinner eines Ranglistenturniers und Teilnehmer der BDO-WM 1996, keine Seltenheit. »In der Zeit bis 2007 gab es keinen Spieler im Dartzirkus, den ich nicht geschlagen habe. Bis auf einen«, sagte Kröckel einmal der WAZ. Nur Phil Taylor war eben einfach immer schon eine Klasse für sich ...

Meist sorgte er aber in Deutschland für Furore. Mit mehr als 50 Nominierungen ist Kröckel, Elektriker von Beruf wie Rob Cross früher, unangefochten Rekordnationalspieler des Deutschen Dart-Verbandes. In verschiedenen Disziplinen gewann er nicht weniger als 26-mal bei nationalen Meisterschaften, bis zum Jahr 2007, als er von Rückenproblemen gestoppt wurde, gab es nicht ein Jahr, bei dem Kröckel dort nicht mindestens ins Halbfinale kam. Nicht zuletzt Leistungen wie diese brachten ihm den Spitznamen »The Legend« ein. 2016 wurde Kröckel, der Ehefrau Trixi ebenfalls über den Dartsport kennenlernte, als einer von bislang erst zwei Personen in die Hall of Fame des DDV aufgenommen.

Ehrgeiz ist immer noch vorhanden

Die Wege zum Darts gleichen sich: Wie Bernd Hebecker auch hat Kröckel seine Dartslaufbahn womöglich einem Wirt zu verdanken, der eine Dartscheibe in seinem Lokal aufhing. Heute spielt er mit dem 1. Zweckler Dartverein in Gladbeck höherklassig in E-Dartligen – hobbymäßig, aber keineswegs ohne Ehrgeiz.

| Legenden |

PHIL TAYLOR

Die Legende schlechthin

»There's only one Phil Taylor!« Kurz vor dem Ende seiner Karriere war noch einmal alles wie früher. Wie in guten, alten Zeiten warf der zu diesem Zeitpunkt fast 57-Jährige bei seinem Lieblingsturnier, dem World Matchplay 2017, seine zuletzt härtesten Rivalen und Wegbegleiter scheinbar spielend leicht aus dem Wettbewerb.

| Legenden |

Erst musste Raymond van Barneveld (11:3) dran glauben, dann der Weltranglistenerste Michael van Gerwen (16:6) und schließlich sein »Ziehsohn« Adrian Lewis (17:9). Im Finale war auch Peter Wright (18:8) chancenlos. Mit seinem Lieblingsdoppelfeld, der Doppel-16, tütete Taylor vor einer johlenden Fanmeute seinen 16. und letzten Sieg beim zweitwichtigsten PDC-Turnier des Jahres ein. Während Taylor wie so oft cool blieb, beichtete später ausgerechnet der unterlegene Wright, dass dieses Endspiel gegen »The Power« für ihn eine sehr große Bedeutung gehabt habe.

Dies sagt eine Menge über den unglaublichen Stellenwert aus, den Taylor in der Darts-Welt selbst bei früheren Konkurrenten besitzt. Fast drei Jahrzehnte lang drückte er diesem Sport seinen unverwechselbaren Stempel auf wie niemand zuvor und wurde zu einem leuchtenden Vorbild mehrerer Generationen. Der Gewinn von 16 WM-Titeln, 14 davon unter dem Dach der PDC, sind wahrlich »record-breaking« und »history-making«, wie Taylor vor jedem seiner Walk-Ons feierlich angekündigt wurde. Die Siegerliste jedes Majors enthält mindestens einmal den Namen Taylor. Insgesamt 200 Turniersiege stehen in seiner Vita, und es wären noch viel mehr, hätte es damals ansatzweise eine derartige Anzahl von Darts-Wettkämp-

| Legenden |

fen wie heute gegeben. Phil Taylor ist Darts, Darts ist Phil Taylor. Es ist ein Irrglaube zu denken, dass der Verband auch ohne diesen einen Superstar seinen Erfolgsweg genauso eingeschlagen hätte.

Ausweg aus der Knochenmühle

Doch eines Tages war der Akku von »The Power« leer: »Ich bin aufgewacht und habe mir gedacht: Es reicht.« Taylor wollte nach fast 30 Jahren Rampenlicht nicht mehr unter Beobachtung stehen und fremdbestimmt sein. Der Darts-Zirkus hatte sich verändert, und Taylor längst die Dominanz vergangener Zeiten eingebüßt. Eine Dominanz, die er durch harte Arbeit erlangt hat.

Bei Menschen aus dem früheren Industriestandort Stoke-on-Trent, Taylors Heimatstadt zwischen Birmingham und Manchester gelegen, ist harte Arbeit in der DNA verankert. Und auch Taylor arbeitete in einer der damals zahlreich vorhandenen Metallfabriken für gerade einmal 70 Pfund die Woche, nachdem er mit 16 Jahren die Schule abgebrochen hatte. Seine Familie war alles andere als wohlhabend, sein Elternhaus arg heruntergekommen, ein Fernseher dort nicht im Bereich des Möglichen. Zum abendlichen Zeitvertreib ging die Familie regelmäßig in den Pub, wo der junge Philip Douglas Taylor erstmals intensiv mit Darts in Berührung kam und in der Mannschaft seines Vaters mitspielen durfte. Schon früh impfte Vater Taylor seinem Sohn Phil neben unbändigem Trainingsfleiß eine Siegermentalität ein, die ihn seine ganze Karriere über als allgegenwärtiges Mantra begleiten sollte: Du bist nur so gut wie dein nächster Titel. Sich auf Erfolgen auszuruhen, war nie Taylors Ding und zumindest die ersten Erfolge durfte sein Vater vor seinem zu frühen Krebstod im Jahr 1997 noch miterleben. Auch als sich Taylor um seine Finanzen keine Sorgen mehr machen musste, kehrte er seiner Heimat, in der auch seine vier Kinder samt Enkelkinder leben, nie den Rücken.

Darts war für Taylor nie nur ein Hobby, es war eine Berufung und wurde nun zu seiner Profession und dem Ausweg aus der Knochenmühle Fabrik. Doch bemerkenswerte Erfolge wollten sich zunächst nicht einstellen. Der große Eric Bristow erkannte dennoch das Talent Taylors, nahm ihn finanziell unter seine Fittiche und schlug in dieselbe Kerbe wie Taylors Vater: Er feilte weiter hart an seiner Disziplin. Bei seiner ersten BDO-WM im Jahr 1990 sorgte Taylor als krasser Außenseiter direkt für Furore und erreichte als ungesetzter Spieler das Finale. Dort überflügelte er beim 6:1-Sieg ausgerechnet seinen strengen Lehrmeister Bristow und krönte sich erstmals zum Champion.

Allen immer einen Schritt voraus

Nach dem Darts-Split schaffte es Taylor auch ins Finale der ersten PDC-WM im Jahr 1994, bei der er noch unter dem Spitznamen »The Crafty Potter« (dt. »Der schlaue Töpfer«), eine Anspielung auf die Zusammenarbeit mit Eric »The Crafty Cockney« Bristow und die Töpferei-Industrie in Stoke-on-Trent, antrat. Gegen seinen guten

◄ Einer seiner vielen Pokale: Am 11. Januar 1992 präsentiert Phil Taylor die Trophäe, die er für den Erfolg bei der Embassy World Darts Championship in Frimley Green (England) erhalten hat

| Legenden |

▼ Welches Foto, welche Aktion von Phil Taylor auch angeschaut wird: Der Rekordweltmeister wirkt beim Werfen stets höchstkonzentriert

Info

Name: Phil Taylor
Geburtstag: 13. August 1960 in Stoke-on-Trent, England
Nickname: The Power
Darts: 26 g Target
Wurfhand: rechts
Einlaufmusik: »The Power« (Interpret: Snap!), eingeleitet von: »Fanfare for the Common Man« (Interpret: Aaron Coplands)
BDO: von 1988 bis 1993
PDC: von 1993 bis 2018
Titel: World Matchplay (16-mal) 1995, 1997, 2000–2002, 2004–2006, 2008–2014, 2017; World Grand Prix (11-mal) 1998–2000, 2002, 2003, 2005, 2006, 2008, 2009, 2011, 2013; Grand Slam (6-mal) 2007–2009, 2011, 2013, 2014; Premier League (6-mal) 2005–2008, 2010, 2012; UK Open (5-mal): 2003, 2005, 2009, 2010, 2013; European Darts Championship (4-mal) 2008–2011; Players Championship Finals (3-mal) 2009, 2011, 2012; The Masters 2013; Champions League 2016; World Cup (4-mal) 2012, 2013, 2015, 2016 (mit Adrian Lewis); BDO-Weltmeister (2-mal) 1990, 1992
PDC World Championship: Sieger (14-mal): 1995–2002, 2004–2006, 2009, 2010, 2013

Freund Dennis Priestley ging er jedoch mit 1:6 unter. Später sprach Taylor von der größten Lehrstunde seiner Laufbahn. Taylor war nie ein Feierbiest, nach großen Siegen verdrückte er sich schnell aufs Hotelzimmer, ging höchstens mal etwas essen. Aber Niederlagen wie diese gegen Priestley fixten ihn massiv an, noch mehr an sich selbst zu arbeiten. Es sollte für eine lange Zeit die letzte WM-Niederlage geblieben sein.

Taylor trainierte während seiner aktiven Karriere sieben bis acht, manchmal neun Stunden täglich. Während sich viele seiner Mitstreiter abends ein Bierchen gönnten, stand Taylor am Practice Board. Auch wenn seine damalige Frau Yvonne, von der er sich 2014 scheiden ließ, schon im Bett auf ihn wartete, musste Taylor vor dem Schlafengehen noch einige 180er geworfen haben. Er wusste, was seine Gegner richtig machen, und er wusste, was sie falsch machten. Mit diesem Eifer war er der gesamten Konkurrenz immer mindestens einen Schritt voraus. Von der WM 1995 an sollte »The Power« – sage und schreibe – 44 WM-Matches und acht Titel hintereinander einheimsen, drei WM-Endspiele endeten sogar zu Null. Zu der Zeit konnte Taylor kein anderer Spieler auch nur im Ansatz das Wasser reichen. Erst im Finale 2003 musste Taylor wieder einem anderen, dem Kanadier John Part, beim Gang zur WM-Trophäe den Vortritt lassen.

Es bleibt sein ausgeprägtes Können

Trotz seiner Verbissenheit gehörte Taylor auf der Tour auch unter Kollegen zu den beliebten Spielern. »The Power« war dafür bekannt, immer einen lockeren Spruch auf den Lippen zu haben. Nur am Oche hatten die anderen meist weniger zu lachen. Die Weltmeisterschaften 2004 bis 2006 gingen wieder allesamt an Taylor, dann fand eine neuer Name den Weg in die PDC, der bis zu seinem Karriereende zu Taylors Dauerrivalen werden sollte: Raymond van Barneveld. Die Wege beider kreuzten sich insgesamt 83-mal zum »Clásico« des Dartsports. Taylor konnte 61 dieser Duelle für sich entscheiden. Das hochklassigste aus dieser Reihe, das WM-Finale 2007, sicherte sich aber der Niederländer. Taylor führte schon mit 3:0 nach Sätzen, bis der WM-Debütant zur Aufholjagd blies. Die Entscheidung fiel im 13. Satz im entscheidenden Sudden-Death-Leg. Bis heute gilt dieses Match für viele Fans als das beste der Darts-Geschichte. 2009 revanchierte sich Taylor mit 7:1, nachdem 2008 durch die 4:5-Niederlage im Viertelfinale gegen Wayne Mardle erstmals seit Gründung der PDC ein WM-Finale ohne Taylors Beteiligung stattgefunden hatte.

2010 gelangen Taylor in der Premier League als erstem Spieler gleich zwei Neundarter in einem Match, insgesamt sollte »The Power« in seiner Laufbahn das perfekte Spiel vor TV-Kameras elfmal gelingen.

Mit einem Freundschaftsdienst leitete Taylor eine Art Wachablösung in der PDC und in Stoke-on-Trent ein, indem er selbst in die Rolle des Lehrers schlüpfte. Er versprach einem guten Kumpel, mit dessen Sohn zu trainieren und diesen zu fördern. Sein Name: Adrian Lewis. Die Chemie stimmte. Taylor gab seine Tugenden weiter, und aus einer knapp dreijährigen Trainingsgemeinschaft entwickelte sich eine intensive Vater-Sohn-Beziehung. 2011 und 2012 sollte Taylor

»I eat, breathe and sleep darts.«

Phil Taylor

Frei übersetzt: Ich esse, atme und schlafe Darts.

| Legenden |

beide Mal wieder nicht das WM-Finale erreichen, Nutznießer war in beiden Jahren Adrian Lewis. Doch auch gemeinsam sollten beide Erfolge feiern und gleich viermal den World Cup of Darts, die Team-WM, nach England holen.

Als Taylor am Board längst nicht mehr unverwundbar schien, zeigte er es im WM-Finale 2013 noch einmal allen. Gegner war Michael van Gerwen, der bereits als legitimer Nachfolger Taylors gehandelt wurde. Im Generationenduell deutete zunächst vieles auf »MvG« hin, der sogar Setdarts zu einer möglichen 5:2-Satzführung ausließ. Der Altmeister holte aber alle noch kommenden Sätze und krönte sich ein letztes Mal zum Weltmeis-

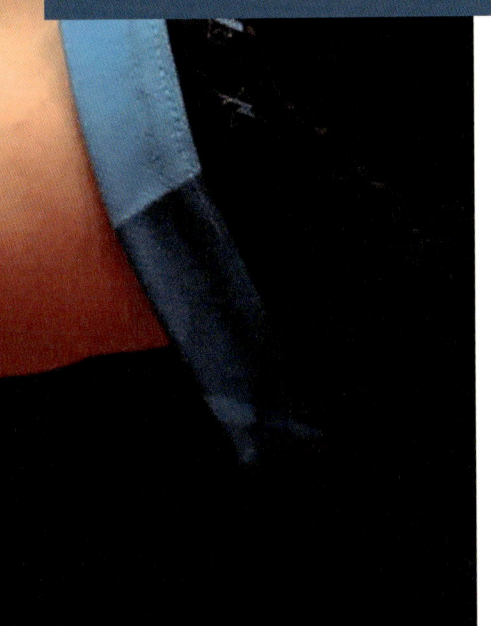

Herrscher der Darts-Welt: Seinen Spitznamen »The Power« hätte Phil Taylor nicht unbedingt auf dem Unterarm und seinem Shirt verewigen müssen – Fans und Rivalen haben ihn auch so als absolute »Macht« anerkannt

ter. Auch wenn »Mighty Mike« es dem Engländer in den kommenden Jahren noch oft schwer machen sollte: Bei einer WM schlug er Taylor nie. 2015 gab der 16-malige Weltmeister aber selbst im Finale gegen Gary Anderson (6:7) eine Führung aus der Hand.

Märchen wie die Karriere von Phil Taylor verdienen normalerweise ein Happy End. Doch dies wäre fast zu kitschig gewesen. Bei der WM 2018, dem allerletzten Turnier Taylors als Profi, schien der Weg bereitet: Mit etwas Glück beim Draw – aus den besten 16 traf er nur auf Anderson – hatte sich »The Power« wieder einmal ins Finale gekämpft. Dort wartete aber Newcomer Rob Cross, der an diesem Abend eine Nummer zu groß war (2:7).

War's das nun? Nicht ganz. Komplett die Finger von den Pfeilen lassen kann die Legende nicht. Auf Einladungsturnieren stellt Taylor, der 2020 seinen 60. Geburtstag feiern durfte, sein nach wie vor ausgeprägtes Können unter Beweis. Und auch wenn er sich bei großen Turnieren nicht mehr mit den anderen Stars misst, ist Phil Taylor zumindest in dem für ihn umgedichteten Lied bei den Zuschauern – wenn Corona sie denn singen lässt – akustisch allgegenwärtig. »Walking along, singing this song. Walking in a Taylor wonderland.«

| Wichtige Turniere |

Die Major-Turniere der PDC

World Matchplay
im Kalender seit 1994
Wettbewerbsart: Einzelturnier
Austragungsort: Winter Gardens, Blackpool
Teilnehmer: Top 16 der Order of Merit, zzgl. Top 16 der PDC Pro Tour Order of Merit, insgesamt 32 Spieler
Turniermodus: K.o.-System
Spielart: 501-Double-Out
Finale: Best of 35 Legs (2 Legs Vorsprung)
Preisgeld: 700.000 Pfund (Sieger: 150.000 Pfund) – Stand 2020
Amtierender Champion: Dimitri Van den Bergh (2020, mit 18:10 im Finale gegen Gary Anderson)
Rekordchampion: Phil Taylor (16 Titel)
Besonderes: Nach der WM das älteste und prestigeträchtigste PDC-Turnier. Trophäe nach Phil Taylor benannt.

UK Open
im Kalender seit 2003
Wettbewerbsart: Einzelturnier
Austragungsort: Butlin`s Resort in Minehead
Teilnehmer: Top 128 der Order of Merit, zzgl. Top 16 der PDC Minor Tournaments, zzgl. 16 Qualifikanten (auch Amateure), insgesamt 160 Spieler
Turniermodus: K.o.-System (Topspieler steigen erst in Runde vier ein)
Spielart: 501-Double-Out
Finale: Best of 21 Legs
Preisgeld: 450.000 Pfund (Sieger: 100.000 Pfund) – Stand 2021
Amtierender Champion: James Wade (2021, mit 11:5 im Finale gegen Luke Humphries)
Rekordchampion: Phil Taylor (5 Titel)
Besonderes: Gilt als »FA-Cup« des Darts. Auch Amateure können sich über Qualifikationsturniere in die Endrunde spielen und so zu Spielen gegen Topstars kommen.

World Grand Prix
im Kalender seit 1998
Wettbewerbsart: Einzelturnier
Austragungsort: City Hotel, Dublin
Teilnehmer: Top 16 der Order of Merit, zzgl. Top 16 der PDC Pro Tour Order of Merit, insgesamt 32 Spieler
Turniermodus: K.o.-System
Spielart: 501-Double-In-Double-Out
Finale: Best of 9 Sets (Best of 5 Legs je Set)
Preisgeld: 450.000 Pfund (Sieger: 110.000 Pfund) – Stand 2020
Amtierender Champion: Gerwyn Price (2020, mit 5:2 im Finale gegen Dirk van Duijvenbode)
Rekordchampion: Phil Taylor (11 Titel)
Besonderes: Einziges Major-Turnier, neben der World Championship, bei dem im Set-Modus gespielt wird. Zudem einziges Major-Turnier im Double-In-Modus.

Premiere League Darts
im Kalender seit 2005
Wettbewerbsart: Turnierserie mit Finalturnier
Austragungsort: Verschiedene, Finalturnier in der O2-Arena in London
Teilnehmer: 10; die Top 4 der Order of Merit, zzgl. bis zu 6 Wildcard-Teilnehmer, zuletzt pro Austragungsort ein Gastspieler
Turniermodus: Ligasystem, 16 Spieltage, Playoffs der vier Tabellenbesten im K.o.-System
Spielart: 501-Double-Out
Finale: Best of 21 Legs
Preisgeld: 825.000 Pfund (Sieger: 250.000 Pfund) – Stand 2021
Amtierender Champion: Jonny Clayton (2021, mit 11:5 im Finale gegen José de Sousa)
Rekordchampion: Phil Taylor (6 Titel)
Besonderes: Nach der WM der populärste und lukrativste Wettbewerb, der sich über 16 Einzelevents in Europa über mehrere Monate erstreckt, Unentschieden im Modus »Best of 12 Legs« möglich

Die PDC World Championship, kurz auch nur Darts-WM genannt, erlangte in den vergangenen Jahren immer größere Bekanntheit. Doch die besten Spieler der Welt sind nicht nur in der Weihnachtszeit im bekannten Alexandra Palace von London aktiv, PDC-Events finden das gesamte Jahr über statt. Ein Überblick über die wichtigsten Wettbewerbe.

| Wichtige Turniere |

Grand Slam of Darts
im Kalender seit 2007
Wettbewerbsart: Einzelturnier
Austragungsort: Aldersley Leisure Village, Wolverhampton
Teilnehmer: 32; 16 Sieger und Finalisten der PDC Major Finals, zzgl. Spieler mit den meisten Turniersiegen der European Darts Tour bis 16 Spieler erreicht sind, 8 Qualifikanten und 8 BDO Spieler (Weltmeister, Weltmeisterin, World-Trophy-Sieger, 4 bestplatzierte Spieler der BDO-Rangliste und die bestplatzierte Spielerin der BDO-Rangliste.
Turniermodus: 8 Vierergruppen, ab Achtelfinale im K.o.-System
Spielart: 501-Double-Out
Finale: Best of 31 Legs
Preisgeld: 550.000 Pfund (Sieger: 125.000 Pfund) – Stand 2020
Amtierender Champion: José de Sousa (2020, mit 16:12 im Finale gegen James Wade)
Rekordchampion: Phil Taylor (6 Titel)
Besonderes: Bisher durften 8 Spieler der BDO an diesem Event teilnehmen. Trophäe nach Eric Bristow benannt.

Champions League of Darts
im Kalender seit 2016
Wettbewerbsart: Einzelturnier
Austragungsort: Morningside Arena, Leicester
Teilnehmer: Top 8 der Order of Merit
Turniermodus: Zwei Vierergruppen, ab Halbfinale K.o.-System
Spielart: 501-Double-Out
Finale: Best of 21 Legs
Preisgeld: 250.000 Pfund (Sieger: 100.000 Pfund) – Stand 2019
Amtierender Champion: Michael van Gerwen (2019, mit 11:10 im Finale gegen Peter Wright)
Rekordchampion: Phil Taylor, Mensur Suljović, Gary Anderson, Michael van Gerwen (jeweils 1 Titel)
Besonderes: Die Champions League of Darts ist das jüngste Major-Event im Kalender, 2020 wegen der Corona-Pandemie nicht ausgetragen.

World Series of Darts Finals
im Kalender seit 2015
Wettbewerbsart: Finalturnier vorheriger Turnierserie
Austragungsort: wechselnd, zuletzt Salzburgarena, Salzburg
Teilnehmer: 24; Top 8 der World Series of Darts Order of Merit, zzgl. nächstplatzierte Top 4 der Order of Merit, 4 Qualifikanten und 8 Wildcard-Teilnehmer
Turniermodus: K.o.-System
Spielart: 501-Double-Out
Finale: Best of 21 Legs
Preisgeld: 250.000 Pfund (Sieger: 70.000 Pfund) – Stand 2020
Amtierender Champion: Gerwyn Price (2020, mit 11:9 im Finale gegen Rob Cross)
Rekordchampion: Michael van Gerwen (4 Titel)
Besonderes: 5 Einladungsturniere im Jahresverlauf werden der World Series of Darts zugerechnet. Über Platzierungen bei diesen Turnieren kann man sich für das Finalturnier qualifizieren.

World Cup of Darts
im Kalender seit 2010
Wettbewerbsart: Einzelturnier im Teamformat
Austragungsort: wechselnd, zuletzt Salzburgarena, Salzburg
Teilnehmer: 24; Top 8 der World Series of Darts Order of Merit, zzgl. nächstplatzierte Top 4 der Order of Merit, 4 Qualifikanten und 8 Wildcard-Teilnehmer
Turniermodus: K.o.-System
Spielart: 501-Double-Out
Finale: Best of 7 Legs (in vier Einzeln und einem Doppel)
Preisgeld: 350.000 Pfund (je Sieger: 35.000 Pfund) – Stand 2020
Amtierender Champion: Wales (Gerwyn Price und Jonny Clayton, 2020, mit 3:0 gegen England)
Rekordchampion: Niederlande und England (jeweils 4 Titel)
Besonderes: Nationen-Weltmeisterschaft. Einziges Major-Turnier bei dem im Team gespielt wird und es zu einem Doppel kommt.

Players Championship Finals
im Kalender seit 2009
Wettbewerbsart: Einzelturnier
Austragungsort: Butlin`s Resort in Minehead
Teilnehmer: Top 64 der Players Championship Order of Merit
Turniermodus: K.o.-System
Spielart: 501-Double-Out
Finale: Best of 21 Legs
Preisgeld: 500.000 Pfund (Sieger: 100.000 Pfund) – Stand 2020
Amtierender Champion: Michael van Gerwen (2020, mit 11:10 im Finale gegen Mervyn King)
Rekordchampion: Michael van Gerwen (6 Titel)
Besonderes: Wird als jährliche »Generalprobe« kurz vor der Weltmeisterschaft angesehen.

European Darts Championship
im Kalender seit 2008
Wettbewerbsart: Einzelturnier
Austragungsort: wechselnd, zuletzt König-Pilsener-Arena in Oberhausen
Teilnehmer: Top 32 der European Tour Order of Merit
Turniermodus: K.o.-System
Spielart: 501-Double-Out
Finale: Best of 21 Legs
Preisgeld: 500.000 Pfund (Sieger: 120.000 Pfund) – Stand 2020
Amtierender Champion: Peter Wright (2020, mit 11:4 im Finale gegen James Wade)
Rekordchampion: Phil Taylor und Michael van Gerwen (jeweils 4 Titel)
Besonderes: Gilt als Europameisterschaft des Darts.

The Masters
im Kalender seit 2013
Wettbewerbsart: Einzelevent
Austragungsort: Arena MK in Milton Keynes
Teilnehmer: Top 16 der Order of Merit
Turniermodus: K.o.-System
Spielart: 501-Double-Out
Finale: Best of 21 Legs
Preisgeld: 200.000 Pfund (Sieger: 60.000 Pfund) – Stand 2021
Amtierender Champion: Jonny Clayton (2021, mit 11:8 im Finale gegen Mervyn King)
Rekordchampion: Michael van Gerwen (5 Titel)
Besonderes: Das jährlich erste Turnier nach der Weltmeisterschaft. Die Top 16 der Order of Merit nach der WM sind dabei.

| Der Darts-Tempel |

Ob die Erbauer des Alexandra Palace – eröffnet 1873 – schon geahnt haben, dass in diesem Gebäude in London später regelmäßig das wichtigste Darts-Turnier der Welt stattfinden wird? Eher nicht. Aber dieses Ornament am Gebäude erinnert doch sehr stark an eine Dartscheibe ...

Palast

| Der Darts-Tempel |

DER Pfeile

Stand up if you love the darts ...

Die Darts-WM, die traditionell rund um Weihnachten stattfindet und den ersten Sportweltmeister eines jeden Jahres kürt, ist längst zu einem für viele unentbehrlichen Großereignis gereift. Ging es bei der PDC im Jahr 1994 noch mit 24 Teilnehmern und einer Börse von insgesamt 64.000 Pfund (heute umgerechnet 70.000 Euro) los, hat sich die Zahl der teilnehmenden Spieler und der Prämie sukzessive erhöht.

Seit der WM 2019 sind 96 Starter dabei. Bei der 2021-er »Corona-WM« jagten Spieler aus 29 Ländern im K.o.-System der Sid-Waddell-Trophy und einem Preisgeld von insgesamt 2,5 Millionen Pfund (2,76 Millionen Euro) hinterher. Selbst der unterlegene Finalist erhielt immerhin 200.000 Pfund. Die bloße Teilnahme wurde mit einem netten Taschengeld in Höhe von 7.500 Pfund versüßt. Zwei Plätze sind dabei seit der Aufstockung für weibliche Spieler reserviert, die im Kampf der Geschlechter ihrem Vorbild Fallon Sherrock nacheifern wollen, die bei der WM 2020 als »Queen of the Palace« gleich doppelt überraschte.

Die Top 32 der Order of Merit haben ein Freilos in der ersten Runde, wo sich zunächst 32 Teilnehmer der Pro-Tour-Rangliste und 32 Spieler aus internationalen Qualifikationsturnieren miteinander duellieren. Einen besonderen Spannungsbogen bietet seit jeher der Satzmodus, der neben der WM sonst nur beim World Grand Prix gespielt wird. Gilt es in den ersten beiden Runden noch drei Sätze für sich zu entscheiden, müssen für ein erfolgreiches Drittrunden- und Achtelfinalmatch bereits vier Sätze gewonnen werden. Dies steigert sich dann bis auf sieben benötigte Sätze im Finale.

Der letzte Schritt beim wichtigsten Darts-Turnier der Welt ließ 2021 sogar den sonst so extrovertierten Gerwyn Price ganz kleinlaut werden. Nicht weniger als elf Matchdarts hatte der Waliser im überwiegend einseitigen Finale gegen Gary Anderson bereits neben das gewünschte Doppelfeld gesetzt. Als der zwölfte Matchdart im menschenleeren Alexandra Palace endlich zum 7:3-Endstand im anvisierten Feld, der Doppel-5, einschlug, begrub Price erstmal fassungslos das Gesicht in seinen Händen, bevor er mit seinem typischen Urschrei alle Nervosität verjagte und mit seiner Stirn auf Tuchfühlung zum Dartboard ging. Soeben war der langjährige Rugbyspieler zum besten Darts-Profi der Welt geworden, hatte 500.000 Pfund (umgerechnet etwa 552.000 Euro) eingestrichen, die Spitzenposition der Order of Merit erobert – und nebenbei ein inmitten der Corona-Pandemie denkwürdiges Turnier beendet.

Die Veranstaltung bot spannende Wendungen und zahlreiche Überraschungen, wie dem frühen Scheitern von Titelverteidiger Peter Wright oder einer 0:5-Klatsche von Topfavorit Michael van Gerwen im Viertelfinale. Ein Turnier mit dem ersten deutschen Teilnehmer im Achtelfinale in Person von Gabriel Clemens und Drama im Madhouse, als ihm nur ein Wurf in die Doppel-1 für einen weiteren Erfolg fehlte. Ein Turnier mit 877 Würfen in die 180 und dem ersten Neundarter seit knapp fünf Jahren, den James Wade ohne jede Regung zur Kenntnis nahm. Ein Turnier, das im Saal nur am Eröffnungstag von rund 500 Zuschauern auf Abstand an Vierertischen verfolgt werden durfte und sich dann mit einem Klangteppich vom Band begnügen musste.

Die ganz große Sause machte also ein Jahr Pause. COVID-19 kannte natürlich auch bei der Darts-WM 2021 kein Erbarmen. So suchte man Fans, die sich dicht an dicht lautstark an nicht enden wollenden Bierzeltgarnituren zuprosten, vergebens. Kein Kostümfest, das sich über die Jahre zu einer amüsanten Tradition entwickelt hat. Keine Gruppenwanderungen zum Bierstand. Keine Jubelgesänge. Und dennoch erfreute sich auch die diesjährige WM, der insgesamt 14. Ausgabe im Ally Pally, vor den TV-Schirmen wieder großer Beliebtheit – auch wenn der bunte Sidekick diesmal fehlte.

Sesamstraße trifft die Feuersteins

Normalerweise haben die Fans genug Zeit, um den Kameras ihre WM-Verkleidung zu präsentieren. Was einst mit einem einzigen lustigen Hut begonnen hatte, trug über die Jahre immer kuriosere Blüten. Zuletzt fiel derjenige auf, der eigentlich nicht auffallen wollte – wie etwa Prinz Harry, der sich bei der WM schon mehrfach unkostümiert unters Volk mischte. Ein schrilles Outfit, wenn nicht gar ein Gruppenkostüm, gehört im Ally Pally während der WM zum optischen Standard – und wird es nach Corona sicher wieder

| Der Darts-Tempel |

▲ So wie auf diesem Foto vom 1. Januar 2020 sieht es in »Nicht-Corona-Zeiten« bei der Darts-Weltmeisterschaft im Londoner Alexandra Palace aus. Eine gut ausgeleuchtete Bühne, Videoleinwände. Und vor allem: Fans, Fans, Fans

tun. So feiern für gewöhnlich Weihnachtsmänner gemeinsam mit wandelnden Dartscheiben, überdimensionalen Bananen, Panzerknackern, Schildkröten, Dinosauriern, der Familie Feuerstein oder der versammelten Sesamstraße eine gigantische Party. Die Wahl des schrägsten Kostüms, die bei jeder Session vom englischen Fernsehen durchgeführt und mit einem T-Shirt als Preis honoriert wird, fällt da durchaus nicht leicht. Das deutsche Fernsehen spürte vor einigen Jahren gar Ex-Fußballer Steffen Freund, Europameister von 1996 und bekennender Darts-Fan, als Teletubbie verkleidet im Publikum auf. Der Fantasie sind einfach keine Grenzen gesetzt. Und wenn kurz vor der Werbepause »Chase the Sun« von Planet Funk, die Darts-Mitgröhl-Hymne schlechthin, aus den Boxen wummert, mischt sich das Farbenspiel zu einem bunten Fan-Cocktail. Und es wird unweigerlich schnell klar, an wen die weit mehr als 500.000 Pints Bier gehen, die in »normalen« Jahren im Rahmen der WM im Alexandra Palace ausgeschenkt werden.

Langlebige Ally-Pally-Wespe ...

Es ist schon ein besonderer Spirit, der sich bei einem WM-Besuch entfaltet. Ein Miteinander, wie man es im Sport sonst vielleicht nur von den Olympischen Spielen kennt. Ein Gegeneinander gibt es gegen andere Fans im Saal nur mit einer feinen ironischen Note. Da kommt es nicht selten vor, dass sich Zuschauer auf den Rängen Gesangsduelle mit Besuchern an den Tischen im Innenraum liefern. Wenn die Stimmung auf den Rängen gerade besser ist, hallt schon einmal ein »Boring, boring tables« (Langweilige Tische) herüber, welches die Fans dort natürlich nicht auf sich sitzen lassen und für ein »You can't afford a table« (Ihr könnt euch keinen Tisch leisten) aufgreifen – nur unterbrochen vom lauten »Tocken« der Dartpfeile ins Board, das mithilfe von Verstärkern permanent deutlich zu hören ist. Doch spätestens beim Gassenhauer »Stand up if you love the darts« (Steht auf, wenn ihr Darts liebt) zur Melodie von »Go West« erheben sich alle – ob Rang oder Tisch – und singen in trauter Eintracht.

Kein Wunder, dass auch in deutschen Wohnzimmern zunehmend das Verlangen wuchs, dort einmal dabei zu sein – und immer mehr Fans haben sich diesen Traum bereits erfüllt. Bei der WM 2020 gingen mehr als ein Viertel der Kartenbestellungen nach Deutschland, was anhand der vielen deutschsprachigen Botschaften auf den 180-Schildern, neben Schaumstofffingern im Ally Pally Jahr für Jahr der absolute Renner und bei besonders persönlichen, lustigen oder auch albernen Nachrichten ein gern genommener Blickfang der Kameras, deutlich lesbar und dem einen oder anderen deutschsprachigen Gesang – ob bei einem Fest der Völkerverständigung nun angebracht oder nicht – deutlich hörbar wurde. Und das alles, obwohl große deutsche Erfolge bei der WM bis zu diesem Jahr auf sich warten ließen.

Der Zuneigung zum Darts tat dies keinen Abbruch. Denn die WM schreibt auch gerne einmal die eine oder andere Randgeschichte zum Schmunzeln, wie wenn plötzlich mitten in einem Match der Strom ausfällt oder die immer wiederkehrende Ally-Pally-Wespe, die sich in der kalten Jahreszeit von den heißen Scheinwerfern der Bühne angezogen fühlt, die Spieler erschreckt. Der Niederländer Ron Meulenkamp schlug sich vor lauter Panik einmal gar die eigene Brille von der Nase ... Es ist eben immer was los im Ally Pally – an allen Tagen mit Ausnahme von Heiligabend, Weihnachten und Silvester. Alle Jahre wieder ... ◉

◀ Gerwyn Price hält nach seinem WM-Gewinn am 3. Januar 2021 im Ally Pally die Siegestrophäe fest in den Händen

| Der Darts-Tempel |

Pilgerstätte für Darts-Freunde

Hoch oben, wie ein Denkmal seiner selbst, thront der Alexandra Palace majestätisch auf einem Hügel im Norden Londons. Der Aufstieg ist nicht unbeschwerlich, doch hat man ihn einmal bezwungen, genießt man von der Anhöhe einen traumhaften Blick auf die Skyline der Metropole.

Nach dem Umzug der WM im Dezember 2007 aus der Circus Tavern in Purfleet ist die altehrwürdige Veranstaltungshalle im Stadtbezirk Haringey binnen kürzester Zeit zur Pilgerstätte des Darts geworden. Jahr für Jahr ziehen – sofern die pandemische Lage es zulässt – Fans aus aller Welt zum Ally Pally, um die Größten des Sports zu sehen und mit Freunden und Gleichgesinnten einfach eine überragende Zeit zu haben.

Am Anfang stand ein Drama

Doch der Viktorianische Bau mit der markanten Glasdachkonstruktion und seinem prachtvollen Rosenfenster an der Front hat schon weitaus mehr gesehen als die Taylors, van Gerwens und Andersons. Am Anfang stand ein Drama, ein weitaus größeres als eine bittere Niederlage in einem WM-Finale. Nach achtjähriger Bauzeit brannte das Gebäude als Teil des Freizeit- und Erholungsparks »The People's Palace« nämlich nur zwei Wochen nach der Öffnung 1873 nahezu vollständig ab und musste zwei Jahre lang wieder instand gesetzt werden. Im 1. Weltkrieg wurde die Anlage, die ihren Namen von der damaligen Kronprinzessin Alexandra von Dänemark erhielt, zu einem Flüchtlingslager für geflohene Belgier umfunktioniert. Im Anschluss diente das Gebäude bis 1919 als Internierungslager für Zivilisten aus Deutschland, Österreich-Ungarn oder dem Osmanischen Reich.

| Der Darts-Tempel |

▲ Der Londoner Alexandra Palace, zweimal durch Brände zerstört und wieder aufgebaut

Pompös gestaltete Räume

1935 hielt das Fernsehen Einzug, der Alexandra Palace wurde als Produktions- und Übertragungszentrum für die damals noch in den Kinderschuhen steckende BBC genutzt. Noch heute existieren historische Produktions- und Sendeanlagen, die von einem weiteren verheerenden Feuer im Jahr 1980 verschont blieben. Doch wieder wurden große Teile des Komplexes zerstört. Nach einer gründlichen Restaurierung können seit 1988 in der Veranstaltungshalle mit seinen sechs pompös gestalteten Räumen unterschiedlicher Größe und Zuschauerkapazität wieder Ausstellungen, Konzerte, Theateraufführungen und Sportveranstaltungen stattfinden. Der Ally Pally, der sowohl mit der Piccadilly-Linie der U-Bahn und der Nordlinie per Zug erreicht werden kann, beinhaltet zudem einen Pub, einen Palmengarten sowie eine öffentliche Eisfläche und wurde zuletzt 2017 auf den neuesten Stand gebracht.

Einzigartige Atmosphäre

Schon vor der WM bekam der Alexandra Palace hochklassiges Darts zu sehen: Von 1963 bis 1977 diente er als Herberge des »News of the World«-Turniers, des ältesten Darts-Wettbewerbs der Welt. Seit der WM 2008 ist nun die etwa 3.500 Zuschauer fassende West Hall die Heimat der besten Spieler. In vergangenen Jahren wurde die Position der Bühne verändert, um das Fassungsvermögen zu erhöhen. Der länger gehandelte Umzug in die wesentlich geräumigere Great Hall mit einer Kapazität von mehr als 10.000 Zuschauer scheint aber vom Tisch, um einen Verlust der jedes Mal aufs Neue einzigartigen Atmosphäre nicht zu riskieren. ◎

| Inside Darts |

Die Hütte brennt, Darts ist Trend

Am Anfang stand ein Experiment. Als am 26. Dezember 2004 erste Darts-Livebilder in die hiesigen, weihnachtlich geschmückten Wohnzimmer transportiert wurden, betrat das übertragende Deutsche Sportfernsehen (DSF) komplettes Neuland.

Es war völlig unklar, wie die zumeist reifen Herrschaften mit teils schütterem Haupthaar, die in nerdiger Hingabe ein kleines Feld anvisierten, ankommen würden. Vermeintliche Experten hatten die Rute schnell gezückt: Darts werde sich hierzulande nicht durchsetzen, so das allgemeine Credo. Und genau das lag tatsächlich nah: Die allermeisten Namen waren nur Kennern der Szene bekannt, unter den 48 Startern fanden sich keine Deutschen, denen man die Daumen drücken konnte und der Sport, wenn man ihn denn überhaupt als welchen ansah, war doch eher in engen Spelunken als im Fernsehen verortet. Selbst Kommentator Elmar Paulke, seit diesem Tag die Stimme des Darts in Deutschland, hatte nach eigenen Angaben bis dahin nicht ein einziges Match live gesehen. Als eine Art Selbsthilfegruppe tastete man sich gemeinsam an das Regelwerk heran, und noch Jahre später nahm dieser Block einen gehörigen Anteil der WM-Berichterstattung ein.

Darts statt Besuch der lieben Verwandtschaft

Nicht nur weil die meisten Sportarten zwischen Weihnachten und Neujahr pausieren, fand der Vorgänger von Sport1 durchaus Gefallen am bunten Treiben, damals noch aus der Circus Tavern in Purfleet. Und auch beim Zuschauer wurde die Neugier geweckt: Für immer mehr Menschen bildete Darts fortan einen angenehmen Kontrast zum Familienbesuch und ganz viele möchten mittlerweile das Plocken der Pfeile ins Board ebenso wenig missen wie »Oh Tannenbaum« oder »Alle Jahre wieder«. Apropos. Alle Jahre wieder stieg die Einschaltquote, die mit dem WM-Finale 2018 zwischen Phil Taylor, im letzten Match seiner Profikarriere, und Rob Cross am Neujahrstag ihren bisherigen Höhepunkt erreichte. Im Schnitt begleiteten 2,15 Millionen Zuschauer bei Sport1 den 16-maligen Weltmeister in den Ruhestand, in der Spitze

▲ Von Anfang an dabei: Elmar Paulke, die Stimme des Darts in Deutschland

2,7 Millionen Zuseher in der Spitze

Bisheriger Zuschauer-Rekord bei einer Darts-TV-Übertragungen in Deutschland

schauten gar 2,7 Millionen Sportfreunde dem Spektakel im Londoner Alexandra Palace zu. Genug, um nun auch bei den Öffentlich-Rechtlichen und den großen Privatsendern mit Ausschnitten in den Hauptnachrichtensendungen prominent stattzufinden. Wer hätte das beim Start im Jahr 2004 gedacht? Nach dem Einstieg von Streamingdienst DAZN im Jahr 2017 teilt sich das TV-Publikum für Livedarts nun auf zwei Sender auf, neben der WM sind dort die Major-Turniere sowie ausgesuchte Wettkämpfe auf deutschem Boden zu sehen.

Wo gibt's das noch – Stars zum Anfassen?

Auch wenn die Stimmung dort an den Ally Pally nicht ganz herankommt, konnte sie sich bei deutschen Turnieren immer sehen – und vor allem hören – lassen. Für 2020 waren vor dem Ausbruch von COVID-19 allein sieben Turniere der European Tour hierzulande geplant. Schaute beim ersten TV-Turnier aus Deutschland im Jahr 2008 noch ein illustrer Kreis aus 20 Besuchern in Frankfurt den Profis beim Spielen zu, hatte sich die Zahl vielerorts vor der Pandemie mehr als verhundertfacht. Gerade Interessenten für die Finalsession durften sich beim Ticketkauf nicht allzu lange Zeit lassen, sonst standen sie mit leeren Händen da. Auch wenn Darts als höchst telegener Sport gilt und man auch als Zuschauer vor Ort die meiste Zeit auf einen Bildschirm – wenn nicht ins Bierglas – schaut, ist das gemeinschaftliche Erlebnis mit einer tolle Atmosphäre und Stars zum Anfassen mit nichts zu vergleichen.

Deutschland als Wachstumstreiber

Als 2018 erstmals die Premier League in Deutschland Halt machte, jubelten 12.000 Zuschauer in der Berliner Mercedes-Benz-Arena ihren Lieblingen zu. Zwei Monate später stellten 20.100 Fans bei den German Darts Masters in der Gelsenkirchener Arena auf Schalke gar

| Inside Darts |

▶ Bei der ProSieben Promi-Darts-WM am 5. Januar 2019 im Kölner Maritim Hotel gab's tiefe Einblicke in die Sportart zu erleben. Die Protagonisten: Lilly Becker und Faisal Kawusi

»Darts should definitely be in the Olympic Games. (...) And don't forget that darts is also a hugely popular sport.«

Adrian Lewis

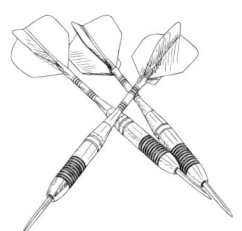

Frei übersetzt: Darts sollte olympisch werden, definitiv! ... Und nicht vergessen: Darts ist eine höchst populäre Sportart.

einen neuen Weltrekord auf, der zuvor 79 Jahre lang Bestand hatte. Wenn PDC-Boss Barry Hearn behauptet, dass Darts der am schnellsten wachsende Sport Europas sei, meint er damit sicher vor allem den deutschen Markt ...

Bekennende Fans: Die Kroos-Brüder

Waren anfangs wettbewerbsfähige deutsche Spieler rar, tut sich auch auf diesem Gebiet eine Menge. Zwar fehlt nach wie vor ein Weltklassespieler, an guten Tagen können aber vor allem Max Hopp und Gabriel Clemens, beide in ihrer Entwicklung noch sicher nicht am Ende angekommen, mit den großen Stars nicht nur mithalten. Einige vielversprechende Talente stehen zudem in den Startlöchern. 2020 verzeichnete der Deutsche Dart-Verband (DDV), der, in 13 Landesverbände unterteilt, diverse Ranglistenturniere und nicht zuletzt die DDV-Bundesliga organisiert, mit mehr als 16.000 Spieleranmeldungen ein Rekordhoch. Darts wird in Sportvereinen als Breitensport immer häufiger angeboten, und in den ersten Bundesländern findet Darts sogar erstmalig im Schulsport statt. Nicht ganz zu Unrecht geht Gary Anderson davon aus, dass Deutschland eine goldene Zukunft im Darts bevorstehe. Lediglich Geduld sei gefragt.

Solange will so mancher TV-Sender nicht warten, um ein Stück vom Darts-Kuchen abzubekommen. So lässt ProSieben seit 2017 unmittelbar im Anschluss an die WM mehr oder weniger bekannte Persönlichkeiten aus dem Sport und Fernsehen an der Seite von den größten Darts-Stars bei der »Promi-Darts-WM« antreten. Neben den früheren Fußballstars Lothar Matthäus, Stefan Effenberg oder Tim Wiese ließen sich unter anderem TV-Koch Steffen Henssler, Moderatorin Ruth Moschner oder Scooter-Frontmann H.P. Baxxter ans Dartboard locken – mit wechselndem Erfolg. Auch in den aktiven Fußball ist die Darts-Welle längst geschwappt. So gehört eine Dartscheibe neben einer Spielekonsole und einem Kickertisch zum Standardrepertoire für den Zeitvertreib in einem Trainingslager. Nicht nur Nationalspieler Toni Kroos und sein Bruder Felix gelten als große Fans, die das Geschehen auf dem Circuit der PDC aufmerksam verfolgen, und daraus auch keinen Hehl machen.

Olympia nicht um jeden Preis

Seit 2010 ist der DDV im Deutschen Olympischen Sportbund (DOSB) organisiert. Heißt das, wir sehen Darts also bald auch neben verwandten Präzisionssportarten wie Bogenschießen oder Golf im Zeichen der fünf Ringe? So einfach ist das nicht. Zwar träumte Michael van Gerwen schon öffentlich laut von Olympia-Gold. Auch sind wichtige Voraussetzungen erfüllt, indem knapp 100 Länder aus fünf Kontinenten im Weltverband WDF organisiert sind. Dennoch versagt das Internationale Olympische Komitee (IOC) dem Darts bislang die Anerkennung. So richtig traurig darüber scheint man in der Chefetage der PDC nicht zu sein. So äußerte sich Barry Hearn: »Wenn das IOC zu mir sagt, ihr könnt morgen ein olympischer Sport sein, aber es gibt keinen Alkohol mehr, weil wir das so wollen, dann sage ich: Fuck off. Wir sind einfach gewöhnliche Menschen, die einen schönen Abend verbringen wollen.« Weil sich Darts wohl in einem gewissen Maß verbiegen müsste, und auch weil – Party hin oder her – das liebe Geschäft eine gewichtige Rolle spielt also. Dabei wäre auch dies ein höchst interessantes Experiment ...

> Rekordkulisse auf Schalke: 20.100 Fans feiern 2018 in Gelsenkirchen sich selbst – und die German Darts Masters

| News und Kurioses |

Wie bei vielen anderen Sportarten sind es auch beim Darts die kleinen Dinge und Begebenheiten, die – rund um die großen Stars und Wettkämpfe – die nötige Würze in die Szene bringen. Eigentlich Kleinigkeiten, die aber doch Teil der Geschichte werden. Etwa Spieler, die nur einmal im Rampenlicht stehen, um schnell wieder zu verschwinden. Neben solchen News gibt es auf den folgenden Seiten – im Glossar und in der Rubrik Statistik – viel Wissenswertes zum immer beliebter werdenden Sport: Darts!

News und Kurioses

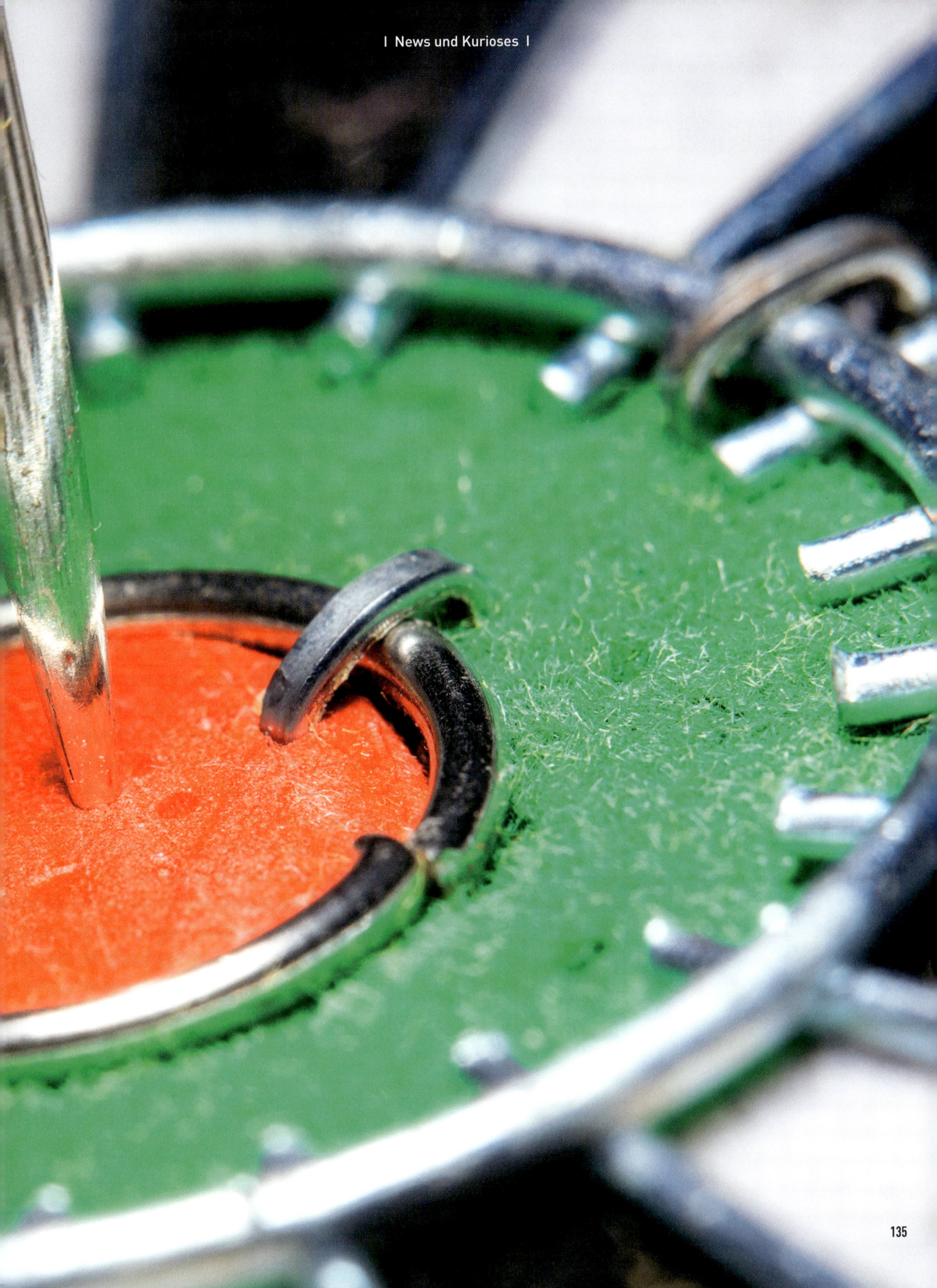

One-Hit-Wonder

Es gibt Bands, die haben einen großen Hit zustande gebracht und sind dann wieder komplett in der Versenkung verschwunden. Ähnliches trifft beim Darts auf den früheren Vizeweltmeister Kirk Shepherd zu. Der damals 21-Jährige arbeitete noch hauptberuflich für 8.000 Pfund im Jahr in einer Metallfabrik am Band, als er sich als Nummer 142 der Order of Merit für die WM 2008 qualifizierte und dort zu einem unglaublichen Erfolgslauf ansetzte. Dabei schlug er den dreimaligen Finalisten Peter Manley sowie Wayne Mardle, der zuvor Phil Taylor aus dem Turnier genommen hatte. Erst im Finale war John Part eine Nummer zu groß. Shepherd nahm 50.000 Pfund Preisgeld mit, kletterte auf Platz 22 und kündigte seine Stelle in der Fabrik. Bei der WM 2010 tauchte er noch einmal im Achtelfinale auf. An einen Erfolg wie 2008 sollte er in Zukunft aber nicht mal ansatzweise anknüpfen können.

Diagnose Dartitis

Was zunächst zum Schmunzeln klingt, kann Dartspielern erheblich zu schaffen machen, gar Karrieren zerstören. Wenn ein Spieler in Drucksituationen nicht mehr Herr seiner Hand ist und den Abwurf des Pfeils nicht mehr kontrollieren kann, ist in den meisten Fällen von Dartitis die Rede. Dartitis, auch »Dartkrankheit« genannt, findet ausschließlich im Kopf statt und hat nichts mit feinmotorischen Defiziten zu tun. Charakteristisch ist die Angst zu scheitern und Zweifel in die eigenen Fähigkeiten in schwierigen Phasen. Nicht nur Hobbyspieler, auch Profis können sich damit herumärgern. So hatte Mensur Suljović vor seinem Durchbruch lange mit Problemen beim Wurf zu kämpfen. Mit gezieltem Mentaltraining und einem ausgeprägten Bewusstsein für Lockerheit ist Dartitis aber heilbar.

▶ Ansagen und rechnen, ansagen und rechnen: Darts-Caller Russ Bray am 15. Dezember 2019 im Londoner Alexandra Palace bei der William Hill World Darts Championship 2020

Oooooonehuuuuuuundreeedaaaaandeeeeeeiiightyyy!

Sie geben auf der Bühne den Ton an, verdienen mit ihrer Stimme und ausgezeichneten Rechenfähigkeiten gutes Geld: Die Caller, die nach einer Aufnahme gut hörbar die Punkte durchgeben. Der bekannteste von ihnen ist Russ Bray. Seine markante Reibeisenstimme, die er nach eigenen Angaben weder vom Rauchen noch von übermäßigen Alkoholkonsum bekam, hat es nicht nur als Klingelton auf viele Mobiltelefone geschafft (»Oooooonehuuuuuuundreeedaaaaandeeeeeiiightyyy!). Heute spricht er auch Hörbücher und Dokumentationen ein. 1993 sprang Bray als Caller ein – und blieb dabei. Wie die meisten Profis lebt er die meiste Zeit aus dem Koffer, tingelt von Ort zu Ort.

| News und Kurioses |

◀ One-Hit-Wonder: Kirk Shepherd am 1. Januar 2008 im Moment seines größten Erfolgs, auch wenn er soeben das Finale der World Darts Championship gegen den Kanadier John Part verloren hat

Mief!

Da war doch was faul?! Zumindest roch es danach. Beim »Grand Slam of Darts« 2018 beschuldigten sich der Niederländer Wesley Harms und Gary Anderson gegenseitig, den jeweils anderen mit übelriechender Flatulenz aus dem Konzept gebracht zu haben. »Ich habe zwei Tage gebraucht, um den Gestank wieder aus der Nase zu bekommen«, klagte Harms dem niederländischen TV-Sender RTL 7. Anderson bestritt den Furz-Vorwurf, schwor sogar auf das Leben seiner Kinder. »Jedes Mal, wenn ich an ihm vorbeigegangen bin, habe ich einen Duft von verfaulten Eiern gerochen. Daher dachte ich, dass er es war«, meinte der Schotte. Ob Furzen, Husten oder Räuspern – am Oche wird gerne mal mit allen Bandagen gekämpft. Anderson wurde beim 10:2 gegen Harms seiner Favoritenrolle gerecht. Wo auch immer diese Gase herkamen: Diese Geschichte stinkt gewaltig!

Kein Netz

Wer kennt sie nicht, die Alltagsprobleme während der Corona-Pandemie? Etwa: eine schwache Internetverbindung! Bei der PDC Home Tour traten im April 2020 Dartspieler während der Isolation im eigenen Zuhause online gegeneinander an, Bild und Ton wurden in Echtzeit ausgestrahlt. Gary Anderson kam gar nicht so weit – das Internet streikte. Der Schotte verlor kampflos. Und stellte einen Screenshot seiner Messergebnisse ins Netz: »4,61 Mbit pro Sekunde im Download, 0,97 Mbit im Upload – Ihre Internetgeschwindigkeit ist langsam«.

17 perfekte Darts

Einen Neundarter zu werfen, ist schwer genug. Erst recht vor laufenden TV-Kameras. Seit 2015 gelangen pro Jahr nie mehr als fünf während einer Fernsehübertragung. Zwei Neundarter an einem Tag gab es schon. Phil Taylor schaffte im Mai 2010 in der Premier League sogar das Kunststück, gegen James Wade als erster Mensch zwei perfekte Spiele in einem Match abzuliefern. Aber zwei Neundarter in Folge? Unmöglich! Michael van Gerwen hätte dieses Naturereignis im WM-Halbfinale 2013 um ein Haar herbeigeführt – ebenfalls gegen James Wade. Die Ekstase der Fans am 30. Dezember 2012 im Ally Pally, einen Neundarter gesehen zu haben, war noch gar nicht abgeklungen, da steckten schon die nächsten drei Pfeile von »Mighty Mike« im Triple-20-Segment. Und die nächsten drei. Jetzt nochmal Triple-20? Passt! Und Triple-19? Passt auch! Erst der letzte Dart verfehlte die angepeilte Doppel-12 um gut einen Zentimeter. Die Fans buhten ironisch, »MvG« schmunzelte. Das war historisch!

Zahlen und Daten

ALLE WM-FINALSPIELE PDC

1994 Dennis Priestley (ENG) – Phil Taylor (ENG) 6:1

1995 Phil Taylor (ENG) – Rod Harrington (ENG) 6:2

1996 Phil Taylor (ENG) – Dennis Priestley (ENG) 6:4

1997 Phil Taylor (ENG) – Dennis Priestley (ENG) 6:3

1998 Phil Taylor (ENG) – Dennis Priestley (ENG) 6:0

1999 Phil Taylor (ENG) – Peter Manley (ENG) 6:2

2000 Phil Taylor (ENG) – Dennis Priestley (ENG) 7:3

2001 Phil Taylor (ENG) – John Part (CAN) 7:0

2002 Phil Taylor (ENG) – Peter Manley (ENG) 7:0

2003 John Part (CAN) – Phil Taylor (ENG) 7:6

2004 Phil Taylor (ENG) – Kevin Painter (ENG) 7:6

2005 Phil Taylor (ENG) – Mark Dudbridge (ENG) 7:4

2006 Phil Taylor (ENG) – Peter Manley (ENG) 7:0

2007 Raymond van Barneveld (NED) – Phil Taylor (ENG) 7:6

2008 John Part (CAN) – Kirk Shepherd (ENG) 7:2

2009 Phil Taylor (ENG) – Raymond van Barneveld (NED) 7:1

2010 Phil Taylor (ENG) – Simon Whitlock (AUS) 7:3

2011 Adrian Lewis (ENG) – Gary Anderson (SCO) 7:5

2012 Adrian Lewis (ENG) – Andy Hamilton (ENG) 7:3

2013 Phil Taylor (ENG) – Michael van Gerwen (NED) 7:4

2014 Michael van Gerwen (NED) – Peter Wright (ENG) 7:4

2015 Gary Anderson (SCO) – Phil Taylor (ENG) 7:6

2016 Gary Anderson (SCO) – Adrian Lewis (ENG) 7:5

2017 Michael van Gerwen – Gary Anderson (SCO) 7:3

2018 Rob Cross (ENG) – Phil Taylor (ENG) 7:2

2019 Michael van Gerwen (NED) – Michael Smith (ENG) 7:3

2020 Peter Wright (ENG) – Michael van Gerwen (NED) 7:3

2021 Gerwyn Price (WAL) – Gary Anderson (SCO) 7:3

ALLE WM-FINALSPIELE BDO

1978 Leighton Rees (WAL) – John Lowe (ENG) 11:7
1979 John Lowe (ENG) – Leighton Rees (WAL) 5:0
1980 Eric Bristow (ENG) – Bobby George (ENG) 5:3
1981 Eric Bristow (ENG) – John Lowe (ENG) 5:1
1982 Jocky Wilson (SCO) – John Lowe (ENG) 5:3
1983 Keith Deller (ENG) – Eric Bristow (ENG) 6:5
1984 Eric Bristow (ENG) – Dave Whitecombe (ENG) 7:1
1985 Eric Bristow (ENG) – John Lowe (ENG) 6:2
1986 Eric Bristow (ENG) – Dave Whitecombe (ENG) 6:0
1987 John Lowe (ENG) – Eric Bristow (ENG) 6:4
1988 Bob Anderson (ENG) – John Lowe (ENG) 6:4
1989 Jocky Wilson (SCO) – Eric Bristow (ENG) 6:4
1990 Phil Taylor (ENG) – Eric Bristow (ENG) 6:1
1991 Dennis Priestley (ENG) – Eric Bristow (ENG) 6:0
1992 Phil Taylor (ENG) – Mike Gregory (ENG) 6:5
1993 John Lowe (ENG) – Alan Warriner (ENG) 6:3
1994 John Part (CAN) – Bobby George (ENG) 6:0
1995 Richie Burnett (WAL) – Raymond v. Barneveld (NED) 6:3
1996 Steve Beaton (ENG) – Richie Burnett (WAL) 6:3
1997 Les Wallace (SCO) – Marshall James (WAL) 6:3
1998 Raymond v. Barneveld (NED) – Richie Burnett (WAL) 6:5
1999 Raymond v. Barneveld (NED) – Ronnie Baxter (ENG) 6:5
2000 Ted Hankey (ENG) – Ronnie Baxter (ENG) 6:0
2001 John Walton (ENG) – Ted Hankey (ENG) 6:2
2002 Tony David (AUS) – Mervyn King (ENG) 6:4
2003 Raymond van Barneveld (NED) – Richie Davies (WAL) 6:3
2004 Andy Fordham (ENG) – Mervyn King (ENG) 6:3
2005 Raymond v. Barneveld (NED) – Martin Adams (ENG) 6:2
2006 Jelle Klaasen (END) – Raymond van Barneveld (NED) 7:5
2007 Martin Adams (ENG) – Phil Nixon (ENG) 7:6
2008 Mark Webster (WAL) – Simon Whitlock (AUS) 7:5
2009 Ted Hankey (ENG) – Tony O'Shea (ENG) 7:6
2010 Martin Adams (ENG) – Dave Chisnall (ENG) 7:5
2011 Martin Adams (ENG) – Dean Winstanley (ENG) 7:5
2012 Christian Kist (NED) – Tony O'Shea (ENG) 7:5
2013 Scott Waites (ENG) – Tony O'Shea (ENG) 7:1
2014 Stephen Bunting (ENG) – Alan Norris (ENG) 7:4
2015 Scott Mitchell (ENG) – Martin Adams (ENG) 7:6
2016 Scott Waites (ENG) – Jeff Smith (CAN) 7:1
2017 Glen Durrant (ENG) – Danny Noppert (NED) 7:3
2018 Glen Durrant (ENG) – Mark McGeeney (ENG) 7:6
2019 Glen Durrant (ENG) – Scott Waites (ENG) 7:3
2020 Wayne Warren (WAL) – Jim Williams (WAL) 7:4

Frauen BDO

2001 Trina Gulliver (ENG) – Mandy Solomonds (ENG) 2:1
2002 Trina Gulliver (ENG) – Francis Hoenselaar (NED) 2:1
2003 Trina Gulliver (ENG) – Ann Kirk (SCO) 2:0
2004 Trina Gulliver (ENG) – Francis Hoenselaar (NED) 2:0
2005 Trina Gulliver (ENG) – Francis Hoenselaar (NED) 2:0
2006 Trina Gulliver (ENG) – Francis Hoenselaar (NED) 2:0
2007 Trina Gulliver (ENG) – Francis Hoenselaar (NED) 2:1
2008 Anast. Dobromyslova (RUS) – Trina Gulliver (ENG) 2:0
2009 Francis Hoenselaar (NED) – Trina Gulliver (ENG) 2:1
2010 Trina Gulliver (ENG) – Rhian Edwards (WAL) 2:0
2011 Trina Gulliver (ENG) – Rhian Edwards (WAL) 2:0
2012 Anast. Dobromyslova (RUS) – Deta Hedman (ENG) 2:1
2013 Anastasia Dobromyslova (RUS) – Lisa Ashton (ENG) 2:1
2014 Lisa Ashton (ENG) – Deta Hedman (ENG) 3:2
2015 Lisa Ashton (ENG) – Fallon Sherrock (ENG) 3:1
2016 Trina Gulliver (ENG) – Deta Hedman (ENG) 3:2
2017 Lisa Ashton (ENG) – Corrine Hammond (AUS) 3:0
2018 Lisa Ashton (ENG) – Anastasia Dobromyslova (RUS) 3:1
2019 Mikuru Suzuki (JPN) – Lorraine Winstanley (ENG) 3:0
2020 Mikuru Suzuki (JPN) – Lisa Ashton (ENG) 3:0

Frauen PDC

2010 Stacy Bromberg (USA) – Tricia Wright (ENG) 6:5

Zahlen und Daten

Junioren: PDC Youth Championship

2011 Arron Monk (ENG) – Michael van Gerwen (NED) 6:4

2012 James Hubbard (ENG) – Michael van Gerwen (NED) 6:3

2013 Michael Smith (ENG) – Ricky Evans (ENG) 6:1

2014 Keegan Brown (ENG) – Rowby John Rodriguez (AUT) 6:4

2015 Max Hopp (GER) – Nathan Aspinall (ENG) 6:5

2016 Corey Cadby (AUS) – Berry van Peer (NED) 6:2

2017 Dimitri van den Bergh (BEL) – Josh Payne (ENG) 6:3

2018 Dimitri v. d. Bergh (BEL) – Martin Schindler (GER) 6:3

2019 Luke Humphries (ENG) – Adam Gawlas (CZE) 6:0

2020 Bradley Brooks (ENG) – Joe Davis (ENG) 6:5

Deutsche Teilnehmer bei PDC-Weltmeisterschaften

2006 Tomas Seyler (2R), Andree Welge (1R)

2007 Tomas Seyler (1R)

2008 Michael Rosenauer (1R)

2010 Jyhan Artut (2R), Tomas Seyler (VR), Andree Welge (1R)

2010 Irina Armstrong (1R)**, Stefanie Lück (1R)**, Sabrina Spörle (VF)**

2011 Jyhan Artut (1R), Bernd Roith (1R), Andree Welge (1R)

2012 Jyhan Artut (1R), Kevin Münch (2R)

2013 Max Hopp (1R), Andree Welge (VR)

2014 Max Hopp (1R), Tomas Seyler (1R), Andree Welge (VR)

2015 Jyhan Artut (1R), Max Hopp (2R), Sascha Stein (2R)

2016 Jyhan Artut (1R), René Eidams (1R), Max Hopp (1R)

2017 Max Hopp (2R), Dragutin Horvat (1R)

2018 Kevin Münch (2R), Martin Schindler (1R)

2019 Gabriel Clemens (2R), Max Hopp (3R), Robert Marijanovic (1R), Martin Schindler (1R)

2020 Gabriel Clemens (1R), Max Hopp (3R), Nico Kurz (3R)

2021 Gabriel Clemens (AF), Max Hopp (2R), Nico Kurz (2R)

** Teilnehmerinnen an der einmalig ausgetragenen PDC-Frauen-WM
Abkürzungen: VR = Vorrunde; 1R = 1. Runde; 2R = 2. Runde; 3R = 3. Runde; AF = Achtelfinale; VF = Viertelfinale.

Deutsche Teilnehmer bei der BDO-WM

1993 Bernd Hebecker (1R)

1996 Andreas Kröckel (1R)

2002 Andree Welge (1R)

2011 Arno Merk (1R)

2013 Irina Armstrong (VF)*

2014 Irina Armstrong (VF)*

2015 Irina Armstrong (1R)*

2018 Michael Unterbuchner (HF)

2019 Michael Unterbuchner (HF)

2020 Michael Unterbuchner (AF)

*Teilnehmerin an der BDO-Frauen-WM
Abkürzungen: 1R = 1. Runde; AF = Achtelfinale; VF = Viertelfinale; HF = Halbfinale.

WM

Meiste WM-Siege: 16 – Phil Taylor (PDC: 14)

Meiste WM-Matches in Folge gewonnen: 44 – Phil Taylor (WM 1995 – 2003)

Jüngster PDC-WM–Teilnehmer: Mitchell Clegg (Australien) am 18. Dezember 2006 mit 16 Jahren und 36 Tagen

Ältester PDC-WM-Teilnehmer: Paul Lim (Singapur) am 18. Dezember 2020 mit 66 Jahren, 10 Monaten und 28 Tagen

Meiste WM-Teilnahmen: 30 – Steve Beaton (WM 1992 – 2021)

Averages

Höchster Average in einem offiziellen Spiel: 134,84 – Kyle Anderson (beim 6:1 gegen Terry Jenkins, 4. Players Championship am 12. April 2015)

Höchste Averages im TV: 123,53 – Peter Wright (beim 6:0 gegen Krzysztof Ratajski, 29. Players Championship 2019 am 14. Oktober 2019)

Höchster Turnier-Average: 111,51 – Phil Taylor (bei den European Darts Championship 2019)

Höchster WM-Average: 114,05 – Michael van Gerwen (beim 6:2 im Halbfinale gegen Raymond van Barneveld am 1. Januar 2017)

Höchster Average eines Deutschen: 119,24 – Max Hopp (beim 6:2 gegen Ian White, 30. Players Championship 2019 am 15. Oktober 2019)

Höchster TV-Average einer Frau: 98,84 – Lisa Ashton (beim 5:1 vs. Corrine Hammond, BDO World Trophy am 29. Mai 2016)

Neundarter

Im TV geworfene Neundarter: 61

Phil Taylor 11
Michael van Gerwen 7
Adrian Lewis 5
Raymond van Barneveld 5
Gary Anderson 3
James Wade 3
Kyle Anderson 2
Darryl Fitton 2
Mervyn King 2
José de Sousa 2
Dave Chisnall 1
Jonny Clayton 1
Brendan Dolan 1
Shaun Greatbatch 1
Kim Huybrechts 1
Terry Jenkins 1
Paul Lim 1
John Lowe 1
Wes Newton 1
Alan Norris 1
Tony O'Shea 1
John Part 1
Michael Smith 1
Robert Thornton 1
Dimitri van den Bergh 1
John Walton 1
Simon Whitlock 1
Dean Winstanley 1
Peter Wright 1

Neundarter bei PDC-Weltmeisterschaften

1 Raymond van Barneveld am 2. Januar 2009
(beim 5:1 gegen Jelle Klaasen, Viertelfinale)

2 Raymond van Barneveld am 28. Dezember 2009
(beim 4:0 gegen Brendan Dolan, 2. Runde)

3 Adrian Lewis am 3. Januar 2011
(beim 7:5 gegen Gary Anderson, Finale)

4 Dean Winstanley am 23. Dezember 2012
(beim 2:4 gegen Vincent van der Voort, 2. Runde)

5 Michael van Gerwen am 30. Dezember 2012
(beim 6:4 gegen James Wade, Halbfinale)

6 Terry Jenkins am 14. Dezember 2013
(beim 2:3 gegen Per Laursen, 1. Runde)

7 Kyle Anderson am 14. Dezember 2013
(beim 1:3 gegen Ian White, 1. Runde)

8 Adrian Lewis am 30. Dezember 2014
(beim 3:4 gegen Raym. van Barneveld, Achtelfinale)

9 Gary Anderson am 2. Januar 2016
(beim 6:0 gegen Jelle Klaasen, Halbfinale)

10 James Wade am 29. Dezember 2020
(beim 2:4 gegen Stephen Bunting, 3. Runde)

(Stand 1. Juni 2021)

PDC-WM Preisgeldentwicklung

Jahr	Gesamt	Sieger
1994	64.000 £	16.000 £
1995	55.000 £	12.000 £
1996	61.000 £	14.000 £
1997	98.000 £	45.000 £
1998	71.000 £	20.000 £
1999	104.000 £	30.000 £
2000	110.000 £	31.000 £
2001	124.000 £	33.000 £
2002	200.000 £	50.000 £
2003	200.000 £	50.000 £
2004	256.000 £	50.000 £
2005	300.000 £	60.000 £
2006	500.000 £	100.000 £
2007	500.000 £	100.000 £
2008	605.000 £	100.000 £
2009	735.000 £	125.000 £
2010	1.000.000 £	200.000 £
2011	1.000.000 £	200.000 £
2012	1.000.000 £	200.000 £
2013	1.000.000 £	200.000 £
2014	1.050.000 £	250.000 £
2015	1.250.000 £	250.000 £
2016	1.500.000 £	300.000 £
2017	1.650.000 £	350.000 £
2018	1.800.000 £	400.000 £
2019	2.500.000 £	500.000 £
2020	2.500.000 £	500.000 £
2021	2.500.000 £	500.000 £

180er

Meiste 180er in einem Match: 22 Gary Anderson
(beim 3:7 gegen Michael van Gerwen,
WM-Finale am 2. Januar 2017)

Meiste 180er in einem Turnier: 71 – Gary Anderson
(WM 2017)

Meiste 180er bei einer WM: 880 (WM 2018)

Glossar

Ally Pally: Geläufiger Spitzname für den Alexandra Palace, seit 2008 WM-Austragungsort im Norden Londons.

Anwurf: Erste Aufnahme eines Legs, Spieler mit Anwurf gehen deshalb mit einem Vorteil ins jeweilige Leg.

Around The Clock: Eine alternative Spielart, bei der es darum geht, alle Felder von 1 bis 20 nacheinander oder im Uhrzeigersinn getroffen zu haben.

Aufnahme: Gesamtheit der drei Würfe eines Spielers, 180 Punkte sind mit den drei Pfeilen maximal zu erzielen.

Average: Punktedurchschnitt pro Aufnahme in einem Match, ermöglicht eine statistische Einordnung der Qualität eines Spielers.

Back-to-back-Champion: Spielern, denen es gelungen ist, zweimal hintereinander die WM zu gewinnen.

Barrel: Griffstück und der mittlere Teil des Dartpfeils, bestimmt maßgeblich die Flugeigenschaften, meist bestehend aus Wolfram.

BDO: Abkürzung für British Darts Organisation; vor der Abspaltung der PDC der führende Dartverband, mittlerweile in Konkurs.

Best of x Legs/Sets: Zeitliche Begrenzung eines Spiels, bei einem Match »best of 21 Legs« müssen 11 Legs gewonnen werden, das Match dauert also insgesamt maximal 21 Legs.

Bier: Seit den 1980ern auf der Bühne verboten, im Zuschauerbereich aber weiter Verkaufsschlager.

Bogeyzahl: Eine Restpunktzahl unter 170, die mit drei Darts nicht auf Null gebracht werden kann: 169, 168, 166, 165, 163, 162, 159.

Bouncer: Abpraller eines Pfeils an einem bereits im Board steckenden Pfeil, der keine zusätzlichen Punkte bringt.

Break: Gewinn eines Legs, welches der Gegenspieler begonnen hat.

Bullseye: Feld im Mittelpunkt des Boards mit einer Wertigkeit von 50 Punkten, im Modus »Double Out« ein mögliches Feld, um das Leg zu beenden.

Caller: Schiedsrichter auf der Bühne, der die geworfenen Punkte zusammenzählt und in teils kultiger Manier ansagt.

Challenger-Turnier: Ein Wettbewerb der zweiten Garde ohne die großen Stars und Preisgelder.

Champions League of Darts: Jüngstes Major-Event, bei dem sich die Top 8 der Order of Merit vor dem Halbfinale erst in zwei Vierergruppen messen.

Check-out: Erfolgreiches Beenden eines Legs, im Modus »Double Out« mit einem Wurf aufs Doppelfeld.

Circus Tavern: Austragungsstätte der PDC-WM zwischen 1994 und 2007 in Purfleet in der Grafschaft Essex.

Cricket: Beliebte, sehr von Taktik geprägte Spielart unter Einbezug der Felder 15 bis 20 und dem Bullseye.

Dartitis: Psychisch bedingtes Krankheitsbild, bei dem der Dartspieler den Abwurf des Dartpfeils nicht richtig kontrollieren kann.

Darts Split: Abspaltung der PDC von der BDO im Jahr 1992 auf Initiative der weltbesten Dartspieler.

Decider: Das entscheidende Leg eines Satzes oder eines Matches.

Dresscode: Auf der Bühne sind Kopfbedeckungen verboten, dafür aber ein Shirt/Hemd mit Kragen, maximal vier Werbebannern (fünf beim Weltmeister), eine schwarze Stoffhose und Lack- bzw. Business Schuhe obligatorisch.

Double In/Out: Spielmodus mit einem erfolgreichen Wurf aufs Doppelfeld zu Beginn/Ende eines Legs.

Doppelfeld: Befindet sich im äußeren Ring der Dartscheibe, Punkte zählen doppelt, nötig um ein Leg zu beenden.

DDV: Abkürzung für Deutscher Dart-Verband, nationaler Dachverband.

E-Darts: Spielform des Darts mit Kunststoffspitzen und einem elektrischen Dartboard.

European Darts Championships: Gilt als Europameisterschaft des Darts, meist in Deutschland ausgetragen.

Exhibition: Eine teils lukrative Showveranstaltung ohne sportlichen Wert oder Einfluss auf die Rangliste.

Finish: Restpunktzahl, mit der ein Leg beendet werden kann.

First to x Legs/Sets: Zeitliche Begrenzung eines Spiels, bei einem Match »first to 16 Legs« gewinnt derjenige, der zuerst 16 Legs für sich entscheidet.

Flight: Hinterer Teil des Dartpfeils, stabilisiert die Flugbahn.

Frauen-WM: Wurde bei der BDO seit 2001 jährlich ausgetragen, bei der PDC nur einmalig im Jahr 2010.

Game On: Ausruf des Callers für den Beginn eines Legs.

Grand Slam of Darts: Major-Turnier mit einer Vorrunde in acht Vierergruppen, für das sich auch Spieler der BDO qualifizieren konnten.

High-Finish: Möglichkeit, ein Leg mit einer Restpunktzahl von über 100 zu beenden.

Home Tour: In der Coronazeit angesetzte Turnierserie, bei der die Spieler aus dem eigenen Zuhause online gegeneinander antreten.

Leg: Durchgang, der von 501 auf null gebracht werden muss, Bestandteil eines Satzes.

Madhouse: Das Feld Doppel-1, das bei einem Abrutschen in die einfache 1 in derselben Aufnahme nicht mehr eliminiert werden kann.

Master of Ceremony: Ansager, kündigt die Spieler vor deren Walk-Ons auf die Bühne feierlich an.

Glossar

Master Out: Modus mit zulässigem Check-out auf Doppel- und Triplefelder.

Masters: Jährlich erstes Major-Turnier nach der Weltmeisterschaft mit den Top 16 der Order of Merit.

Major-Turnier: Prestigeträchtiges Turnier mit hohem Preisgeld und TV-Übertragung.

Neujahr: Nicht selten das Datum des WM-Endspiels, zuletzt bei der WM 2020, die wie gewohnt zum allergrößten Teil noch im alten Jahr ausgetragen wurde.

Neundarter: Das schnellstmögliche Beenden eines Legs mit nur neun Würfen.

No Score: Ansage des Callers, wenn man kein Feld trifft oder sich beim Check-out überwirft.

Oche: Abwurflinie auf der Bühne, 2,37 m vom Board entfernt.

One-clear-leg-Regel: Regelung, mit der man in der entscheidenden Phase eines Matches im Satzmodus zwei Legs Vorsprung haben muss, Entscheidungsleg beim Stand von 5:5.

Onehundredandeighty (180): Höchstpunktzahl bei einer Aufnahme, vom Caller entsprechend zelebriert.

Order of Merit: Rangliste der PDC, geordnet nach den gewonnenen Preisgeldern der vergangenen zwei Jahre.

PDC: Abkürzung für Professional Darts Corporation, größter und wichtigster Dartsverband.

PDC Europe: Ableger der PDC für Kontinentaleuropa mit Sitz in München.

Players Championship Finals: »Generalprobe« kurz vor der WM mit den 64 besten Spielern der 30 Players-Championship-Turniere.

Premier League: Lukrativer Major-Wettbewerb mit bis zu zehn Stars, der sich in einem Ligaformat über 16 wöchentliche Einzelevents in Europa über mehrere Monate erstreckt.

Pro Tour: Turnierserie der PDC, beinhaltet die Players Championships und European-Tour-Events außerhalb Großbritanniens.

Q-School: Mehrtägige Qualifikationsveranstaltung, bei der es um einen festen Platz auf der PDC-Tour für zwei Jahre geht.

Robin Hood: Pfeil landet im Flight eines bereits im Board steckenden Pfeils, Punkte werden nicht gezählt.

Satzmodus: Wird nur bei der WM und dem World Grand Prix angewandt, für einen Satzgewinn sind drei Legs nötig.

Schaft: Bindeglied zwischen Barrel und Flight, meist aus Kunststoff.

Shanghai Finish: berühmtestes Finish; die 120 wird mit einem Wurf auf die Triple-20, die einfache 20 und schließlich der Doppel-20 ausgemacht.

Sid-Waddell-Trophy: Etwa 25 Kilo schwerer WM-Pokal, nach einem 2012 verstorbenen, legendären Darts-Kommentator benannt.

Single Bull: Feld, welches das Bullseye umgibt, mit einer Wertigkeit von 25 Punkten.

Softdarts: Anderer Begriff für E-Darts, bei denen Pfeile mit Kunststoffspitze auf eine elektronische Scheibe geworfen werden.

Spinne: Drahtkonstruktion zur Abgrenzung der Felder eines Dartboards.

Spitze: Vorderster Teil des Dartpfeils aus Metall oder Kunststoff.

Straight Out: Modus, bei dem ein Leg mit jedem beliebigen Feld – auch einen einfachen Feld – eliminiert werden kann.

Tac Tics: Cricket-Spiel mit den zusätzlichen Feldern 10 bis 14.

Tops: Die Doppel-20, das am höchsten gelegene Feld auf dem Dartboard.

Triplefeld: Befindet sich im inneren Ring des Dartboards, Punkte zählen dreifach.

Überwerfen: Misslungener Check-out, wenn die geworfene Punktzahl höher ist als die Restpunktzahl oder wenn 1 übrig bleibt.

UK Open: Eine Art Pokalwettbewerb des Darts, bei dem sich Amateure über Qualifikationsturniere in eine Endrunde spielen und so gegen Stars antreten können.

Unentschieden: Gibt es in der Premier League tatsächlich, wenn beide Spieler im Modus »best of 12 Legs« sechs Abschnitte gewinnen.

Walk-On: Einzug der Dartspieler auf die Bühne zu einer immer wiederkehrenden Musik.

Walk-On-Girls: Gutaussehende Frauen, die die Spieler beim Walk-On auf die Bühne begleiten, seit der WM 2019 abgeschafft.

WDF: Abkürzung für World Darts Federation, internationaler Dachverband.

Whitewash: Sieg, bei dem der Gegner keinen Satz/kein Leg gewinnt.

World Cup of Darts: Nationen-WM; einziges Major-Turnier, bei dem im Team gespielt wird und es zu einem Doppel kommt.

World Grand Prix: Einziges Major-Turnier im Modus »Double In«, einziges Turnier – neben der WM – mit Spielen im Satzmodus.

World Matchplay: Nach der WM das älteste, prestigeträchtigste und wichtigste PDC-Major-Turnier.

World Series of Darts: Finalturnier, für das man sich über fünf Einladungsturniere im Jahresverlauf über die Platzierungen qualifizieren kann.

World Youth Championship: Separate Weltmeisterschaft für Spieler, die zu Beginn der Qualifikation nicht älter als 23 sind.

Impressum

Bibliografische Information der Deutschen Nationalbibliothek
Die Deutsche Nationalbibliothek verzeichnet diese Publikation in der Deutschen Nationalbibliografie.
Detaillierte bibliografische Daten sind im Internet über http://d-nb.de abrufbar.

Für Fragen und Anregungen
info@rivaverlag.de

Originalausgabe
1. Auflage 2021
© 2021 by riva Verlag, ein Imprint der Münchner Verlagsgruppe GmbH
Türkenstraße 89
80799 München
Tel.: 089 651285-0
Fax: 089 652096

Alle Rechte, insbesondere das Recht der Vervielfältigung und Verbreitung sowie der Übersetzung, vorbehalten. Kein Teil des Werkes darf in irgendeiner Form (durch Fotokopie, Mikrofilm oder ein anderes Verfahren) ohne schriftliche Genehmigung des Verlages reproduziert oder unter Verwendung elektronischer Systeme gespeichert, verarbeitet, vervielfältigt oder verbreitet werden.

Autoren: Markus Schulz, Remscheid und Benjamin Tonn, Düsseldorf
Realisierung: Gerhard Brauer, Klaus Winter, TPD Medien GmbH, München, www.tpd.de
Umschlaggestaltung: Karina Braun
Druck: Florjancic Tisk d.o.o., Slowenien
Printed in the EU

Bildnachweis:

Umschlag: imago images / Action Plus; Seite 6: privat; Seite 8: picture alliance/dpa | Gregor Fischer; Seite 10–11: picture alliance / bild pressehaus; picture alliance / empics | John Walton; Seite 12–13: shutterstock, Mike Egerton/PA Wire; privat; Seite 14–15: picture alliance/dpa | Gregor Fischer, shutterstock; Seite 16–17: picture alliance / PIXSELL | Igor Kralj/PIXSELL; Seite 18–19: picture alliance/dpa | Silas Stein; Seite 20–22: winmau; Seite 23: TPD; Seite 24–25: picture alliance / Pressefoto Baumann | Julia Rahn; Seite 26–27: picture alliance; Seite 28–29: picture alliance / empics | Steve Parsons; Seite 30–31: Faganarms, zeitgenössische Darstellung; Seite 32–33: TPD Medien GmbH, Google Art Project; Seite 34–35: Eirian Evans, picture alliance / ASSOCIATED PRESS; Seite 36–37: picture alliance / Actionplus; Seite 38–39: TPD Medien GmbH, picture alliance / empics | PA Wire; Seite 40–41: picture alliance / empics | Adam Davy; Seite 42–43: Markus Koch; Sebastian Pohl; Seite 44–45: Markus Koch; 46–47: Marko Puls, Nico Blank; Seite 48–49: Jens Ziegler, Nico Blank; Seite 50–51: Niko Blank, Irina Armstrong; Seite 52–53: Nico Blank, TPD Medien GmbH; Seite 54–55: picture alliance / DPPI media | Nigel Keene; Seite 56–57: picture alliance / actionplus; Seite 58–59: picture alliance / Actionplus; Seite 60–61: picture alliance, picture alliance / empics; Seite 62–63: picture alliance / empics; Seite 64–65: picture alliance; Seite 66–67: picture alliance / Beautiful Sports | Pieter Verbeek, winmau; Seite 68–69: picture alliance / Actionplus | Actionplus; Seite 70–71: picture alliance, picture alliance / PRO SHOTS | Michael Bulder; Seite 72–73: picture alliance / empics | Bradley Collyer, privat; Seite 74–75: picture alliance / augenklick/firo; Seite 76–77: picture alliance; Seite 78–79: picture alliance / empics | Kieran Cleeves, picture alliance / augenklick/firo; Seite 80–81: picture alliance / Gregor Fischer; Seite 82–83: picture alliance / R. Goldmann; Seite 84–85: picture alliance / PRO SHOTS | Jules van Ipere, picture alliance / Actionplus; Seite 86–87: picture alliance / Actionplus; Seite: Seite 88–89: picture alliance / Pressefoto Baumann | Alexander Keppler, picture alliance / empics; Seite 92–93: picture alliance / Pressefoto Baumann | Alexander Keppler; Seite 94–95: picture alliance / empics | John Walton; Seite 96–97: picture alliance / empics | Steve Paston, picture alliance / augenklick/firo Sportphoto, picture alliance / Fotostand / Ellerbrake; Seite 98–99: picture alliance / Beautiful Sports | Pieter Verbeek; Seite 100–101: picture alliance / Pressefoto Baumann | Julia Rahn; Seite 102–103: picture alliance / DPPI Media | Shaun Boggust, picture alliance / augenklick/firo Sportphoto; Seite 104–105: picture alliance / PRO SHOTS | Jules van Iperen; Seite 106–107: picture alliance / empics | PA Wire; Seite 108–109: Picture-Alliance / Photoshot, picture alliance / empics; Seite 110–111: picture alliance / empics | PA Wire, picture alliance / Pressefoto Baumann | Julia Rahn; Seite 112–113 Nico Blank, privat; Seite 114–115: picture-alliance / Norbert Schmidt; Seite 116–117: picture alliance / empics | Tim Ockenden, picture alliance / empics | PA; Seite 118–119: picture alliance/dpa/Revierfoto, picture alliance / empics | Max Nash; Seite 120–121: shutterstock; Seite 122–123: shutterstock; Seite 124–125: picture alliance / empics | Steven Paston; Seite 126–127: picture alliance / ASSOCIATED PRESS | Adam Davy; Seite 128–129: shutterstock; Seite 130–131: Sven Mandel, picture alliance / rtn - radio tele nord | rtn, patrick becher; Seite 132–133: picture alliance / Friso Gentsch/dpa; Seite 134–135: shutterstock; Seite 136–137: picture alliance / augenklick/firo Sportphoto | firo Sportphoto/PSI, picture-alliance/ dpa | PA 5475795; Seite 138–141: jar; Seite 142–143: shutterstock

ISBN Print 978-3-7423-1530-4
ISBN E-Book (PDF) 978-3-7453-1394-9

Weitere Informationen zum Verlag finden Sie unter
www.rivaverlag.de
Beachten Sie auch unsere weiteren Verlage unter www.m-vg.de